FIRMIN MAILLARD

LES DERNIERS BOHÈMES

HENRI MURGER ET SON TEMPS

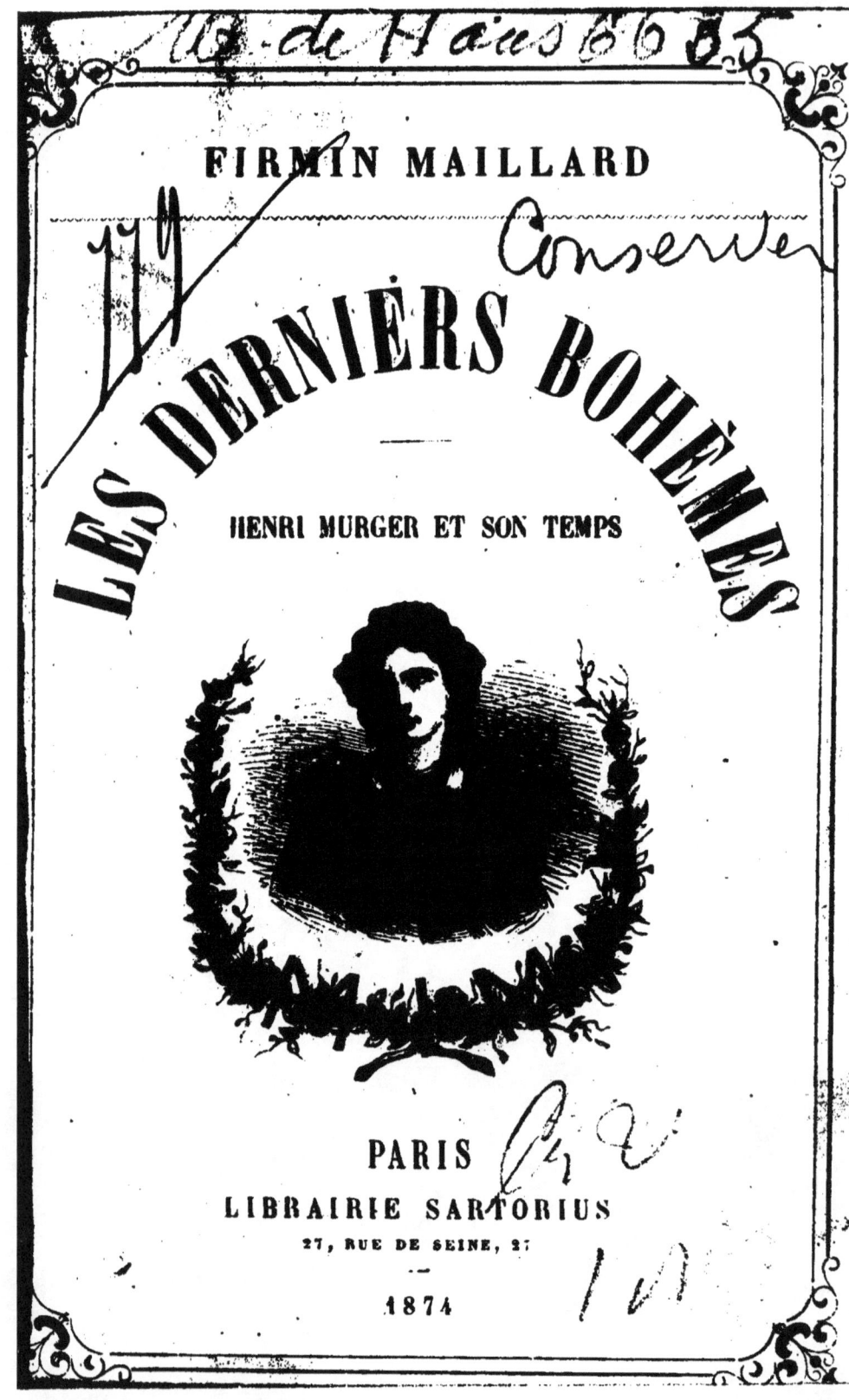

PARIS
LIBRAIRIE SARTORIUS
27, RUE DE SEINE, 27

1874

LES DERNIERS BOHÈMES

LES DERNIERS
BOHÊMES

— HENRI MURGER ET SON TEMPS —

PAR

FIRMIN MAILLARD

PARIS
LIBRAIRIE SARTORIUS
27, RUE DE SEINE, 27
—
1874
Tous droits réservés.

UNE PAGE D'HISTOIRE

Méfie-toi, lecteur, méfie-toi de ce livre qui parfois te fera sourire, mais qui aussi pourra te faire pleurer, car il est au fond plein de ténèbres et de sombres désespoirs ; tous ces hommes qui sont là, morts avant l'heure, tombés en route, ne sont pas enterrés si profondément qu'ils ne t'entendent parler avec hypocrisie de paresse, d'absinthe et de filles, et que quelques-uns, sentant leurs os secoués douloureusement, ne se lèvent pour te crier : Quand nous avons été des hommes, l'avenir n'existait déjà plus pour nous, nous étions vaincus avant d'avoir pu combattre — Nous sommes arrivés en pleine nuit, une nuit de Décembre, sur un chemin couvert de boue et de sang et, l'âme remplie de dégoûts, forcés d'étouffer l'ardent amour de liberté que nous avions dans le cœur, nous nous sommes réfugiés dans les paradis artificiels.

Tant il est vrai, comme dit Montaigne, que l'âme descharge ses affections sur les objets fauls quand les vrays lui faillent.

Ils ont eu tort, certainement, et n'ont point écouté le poëte qui leur disait :

> Restez dans le sentier des vertus difficiles ;
> Votre âge a des devoirs plus doux que le plaisir.
> A vous de mépriser ce qu'unautre âge envie,
> Tout bien et tout renom qu'on acquiert sans effort.
> Dieu vous a faits si fiers, si purs, si pleins de vie,
> Pour les belles amours et pour les belles morts !
>
> Donc, ô vous, restez ceints du glaive,
> Fiers amants de la liberté !
> La vie est un combat sans trêve,
> Pour le droit toujours insulté,
> Restez armés en sentinelles,
> Amis des gloires éternelles,
> Luttez pour les cœurs défaillants ;
> Veillez dans votre armure austère,
> Dans le ciel comme sur la terre
> La paix n'appartient qu'aux vaillants.

Devant quel abîme à peine entrevu ont-ils donc reculé ?

On oublie si vite en France, et l'histoire de demain rejette si loin dans le passé l'histoire d'hier qu'il ne me semble pas inutile de rappeler celle-ci, bien que nous l'ayons payée assez cher pour ne devoir cependant jamais l'oublier.

La seconde République avait vécu.

M. Frébault, — le même qui quinze ans plus tard devait s'illustrer par les paroles de *la Femme à barbe* et de *la Déesse du bœuf-gras*, — l'avait prédit dans une cantate prophétique chantée à Nevers lors du voyage du Prince-Président.

Huit millions cent-cinquante-sept mille sept-cent-cinquante-deux voix se prononcent pour le rétablissement de l'Empire ! Chacun veut avoir travaillé au grand acte qui vient de s'accomplir ; les ouvriers de la dernière heure sont à leur poste.

M. Arsène Houssaye, qui n'avait pu rien être au lendemain de 1848 bien qu'il eût, le 24 Février, crié à la Chambre au pied de la tribune : VIVE LA RÉPUBLIQUE ! fait déclamer par mademoiselle Rachel les vers suivants :

> La jeune France martiale,
> Qui va guidant l'humanité,
> Avec l'idée impériale
> Rentre enfin dans sa majesté.

et M. Joncières, qui avait été Saint-Simonien, troque avec plaisir son titre de *citoyen* contre celui de *sujet*, déclarant que si cette expression doit être justement adoptée, c'est sous une monarchie élevée et couronnée par la volonté nationale.

Un ancien aide-de-camp de Kellermann, M. Vatin, commandant la garde nationale de Senlis, adresse à son bataillon cet ordre du jour qui doit rester à l'histoire :

> Gardes nationaux de Senlis !
>
> Rendons grâce au Prince-Président qui, par les sages et énergiques mesures qu'il a prises, nous a sauvés de l'anarchie et a rendu la sécurité à la société qui allait tomber dans un abîme.
>
> Ma foi, puisque les autres gouvernements n'ont pas eu l'esprit de se maintenir, tant pis pour eux.
>
> Vive la France ! Vive l'Empereur !
>
> Le commandant Vatin.

Mais voici qui est merveilleux : La propriétaire

d'un hôtel garni rue Pavée-Saint-André-des-Arts est sur le point d'accoucher..... seulement elle n'accouche pas. — Qu'attendez-vous ? lui dit une voisine. — Ce que j'attends, répond cette femme qui aurait dû tenir son garni à Rome, *via Cornelia*, du temps de la mère des Gracques, « j'attends que le Prince-Président fasse son entrée aux Tuileries comme empereur et c'est ce jour là que j'accoucherai. Je n'ai jamais aimé la République et je veux que mon fils, car c'est un fils que j'aurai, porte le nom glorieux de Napoléon. »

Elle se retenait!

Par un miraculeux hasard, ajoute *la Patrie*, pendant que le canon annonçait l'arrivée de Napoléon III, etc ; — le reste se devine.

On baptise, on débaptise, on gratte les vieux murs, on démarque les vieux drapeaux. L'Opéra devient l'Académie impériale de musique, le cérémonial usité sous Louis XIV et Napoléon I est remis en vigueur et M. Nestor Roqueplan — le râble en deux, un flambeau à plusieurs branches à la main — a l'honneur de marcher à reculons devant l'Empereur depuis la porte de la rue Rossini jusqu'à la loge impériale. Les Sociétaires du Théâtre-Français qui jadis étaient simplement les Comédiens ordinaires du Roi, s'intitulent Comédiens ordinaires de *Sa Majesté* l'Empereur. M. de Maupas fait cadeau à M. de la Guéronnière pour *le Pays* du sous-titre de : *Journal de l'Empire*; le palais de l'Élysée — Élysée Bourbon, Élysée National — prend le nom d'*Élysée Napoléon*, le collège militaire de la Flèche s'appelle *Prytanée militaire impérial*, la Garde républicaine *Garde de Paris*, et les grandes routes *Routes impériales*.

Le vieux Jérôme, son fils et sa fille prennent le titre d'*Altesses Impériales* et le ministre d'État Fould arrête que les seules personnes ayant reçu le bouton seront admises à suivre les chasses.... ces fameuses chasses dans lesquelles on vit plus tard Leurs Majestés et leurs invités chasser en costume du temps de Louis XV ; il arrête aussi que, seules, les personnes attachées à la maison impériale pourront porter la livrée — vert et rouge, galonnée d'or, cocarde nationale à flanc d'or et gance transversale; quant à MM. Troplong, Baroche, etc., « qui y ont droit » dit *le Moniteur*, leur beau nom ne marchera plus que précédé du mot *Excellence*.

Chacun retourne sa casaque, et, laissant le vieux faubourg Saint-Germain bouder tout à son aise et s'inscrire P. P. C. chez MM. de La Rochejaquelein, de Pastoret et de Noailles-Mouchy que l'on vient de nommer sénateurs, (La Rochejaquelein qui oublie tout, son passé, son nom et le décret du 16 Mars 1815 dont Napoléon Ier frappa son père ! — de Pastoret, l'ancien conseiller du comte de Chambord, le fils de celui pour qui Louis XVIII avait fait cette devise : *bonus semper et fidelis* ! — De Noailles-Mouchy qui s'écriait en 1848 qu'il acceptait la République « sans restriction et sans arrière-pensée » et qui réclamait alors bien certainement plus de libertés qu'il ne lui en fallait : liberté de conscience, liberté des cultes, liberté d'association, liberté individuelle, etc. !!) laissant, dis-je, se faire *l'union de la France féodale et chevaleresque avec l'esprit mo-*

derne, *la réconciliation du passé avec l'avenir*, le monde officiel danse et prend ses ébats. La brillante société du jeune Empire traite et reçoit avec des magnificences de parvenu ; — tout sort de chez Potel et Chabot, argenterie, cuisine et cuisinier, tout ! Que voulez-vous, ces gens-là n'ont rien, rien que de gros appétits, on va les satisfaire et le gouvernement annonce aux éplucheurs de budget qui, après la révolution de Février, étaient arrivés à faire sous prétexte d'économie, des situations vraiment dérisoires aux dignitaires de l'État, que tout cela va changer — et les traitements aussi.

La maison d'Orléans est en pleine liquidation — pour cessation de commerce ; on vend la *Françoise de Rimini, la Stratonice, la Mort du duc de Guise, le surtout de Fratin* (car c'est de l'argent qui dort !), pendant que le Château, comme on disait sous Tarquin l'ancien, fait ses emplettes pour le mariage. Napoléon III, oubliant que ses demandes en mariage n'ont pas été toujours accueillies d'une façon très-flatteuse, oubliant cela et autres choses encore, déclare que sans témoigner de dédain pour personne, il cédera à son penchant et que «sous le dernier règne, l'amour-propre du pays ayant eu à souffrir lorsque l'héritier de la couronne sollicitait infructueusement pendant plusieurs années l'alliance d'une maison souveraine et obtenait enfin une princesse accomplie sans doute, mais dans des rangs secondaires et dans une autre religion » il épousera — lui, LE PARVENU « titre glorieux lorsqu'on parvient par le libre suffrage d'un grand peuple » une Espagnole mais *Française par le cœur, par l'édu-*

cation, par le sang que versa son père pour la cause de l'Empire (ce qui est appréciable de bien des façons) *et surtout ayant l'avantage, comme Espagnole de n'avoir pas en France de famille à laquelle il faille donner honneurs et dignités.* Paraphrase de haute économie politique et sociale, de la réponse faite à un peintre qui, ne trouvant aucune ressemblance entre l'Oncle et le Neveu, s'écriait courageusement :

— Mais, Sire, c'est que vous n'avez rien, absolument rien du premier Napoléon.

— Ah ! du moins, soupira le troisième, j'ai sa famille !

Et on lit dans la *Patrie* :

> Un arrêté de M. le ministre de la police générale a ordonné l'expulsion du territoire français de Mme Solms se disant comtesse de Solms et de M. Wyse, tous deux étrangers. Ces deux personnes prenaient, sans y avoir aucun droit, le nom de Bonaparte, et loin de respecter le nom illustre qu'elles usurpaient, s'en servaient au contraire pour se livrer à des désordres scandaleux et pour abuser plus facilement de la crédulité de ceux qui les approchaient.

On voit par cette note combien, à cette époque, étaient bornées les connaissances historiques du Ministre de la Police.

Mais revenons au mariage. Eugénie de Montijo, comtesse de Téba, des Guzman..... je ne sais plus au juste desquels, il y en a tant en Espagne ! mais probablement de ceux qui ne connaissent pas d'obstacles, Eugénie de Montijo « douée de toutes les qualités, devient l'ornement du trône » ; Jacques Bonhomme qui sue, geint et peine dans son coin apprend avec indifférence que les dépenses des fêtes seront supportées par la liste civile, ce qui lui est cependant donné comme un fait des plus méritoires. Du reste, sur 1,053,260 Parisiens, il n'y a, dit un rapport officiel, que 65,264 indigents !...

Tous les poètes de haute et basse cour sont à leurs vers; le sieur Barthélemy, qui décidément, tient à manger à tous les rateliers et qui s'intitule lui-même *le poétique Blondel de la dynastie Impériale*, célèbre cet événement en des vers qui le disputent pour la banalité à ceux que mettent en vente les Méry, les Belmontet de tous étages, les d'Ornano et autres préfets qui s'écrient :

> Puis, lorsque d'un lien si tendre
> Un fils à l'empereur naîtra,
> Ainsi que devant Alexandre
> L'univers entier se taira.

Madame Mélanie Waldor, — la pauvre vieille dont on disait déjà en 1842, sur l'air : *Passez votre chemin, beau Sire* :

> Vous nous ennuyez, grand'mère
> Grand'mère, vous nous ennuyez. (*bis*).

fait des vers comme ceux-ci :

> Célestes concerts,
> Douce harmonie,
> Glissez dans les airs....
> Chantez la grâce unie
>   Au génie,
> Chantez Eugénie
>   Et les amours
> Durant toujours.

On les chante à l'Opéra-Comique pendant qu'à l'Opéra on danse *la Calasera, le Sabateno, la Manola, la Cachirulo, la Zapateada* et autres seguidilles.

M. Lesguillon réunit en un volume toutes ces aimables choses ; je regarde à la table et je ne vois que 116 poëtes, il y en avait eu 1265 en 1810. — Quelle tiédeur ! Ces Messieurs oublient le proverbe espagnol, que cette petite fête devait cependant leur rappeler : *Quien no se aventura, no passa la mar.* Ceux qui ne font point de vers, se contentent de raconter en prose qu'une vieille femme, rencontrant Marie Guzman dans les Pyrénées, quelques années auparavant, lui avait prédit cela..... entr'autres. Mais c'est le vieux jeu et cette légende a déjà servi pour l'impératrice Joséphine : nous connaissons tous l'histoire de la vieille négresse de la Martinique prédisant à Mlle Tascher de la Pagerie ce qu'on est convenu d'appeler de hautes destinées.

En attendant, pendant que les mauvais reçoivent des *avertissements*, les bons arrivent droit à ce qu'ils méritent, et Prosper Mérimée — qui n'a rien fait pour ça, disent les gens qui ne connaissent pas leur histoire contemporaine, — est nommé sénateur, ainsi que MM. de Maupas et Chapuys-Montlaville, ce dernier en récompense de ses nombreux services (rétablissement des croix enlevées en 1831, observation du repos du Dimanche, etc.; ils sont du reste dans la mémoire de tous), et la Haute-Garonne lui vote une épée d'honneur. A la Saint-Napoléon — dont la fête coûte 700,000 francs — c'est une pluie de décorations, et l'institution de la Légion d'honneur, cette institution, dont le baron de Saint-Priest de Saint-Mur a dit avec autant de lyrisme que de bonheur : « source merveilleuse, fille de Napoléon et de la Victoire, née au champ d'honneur, elle a surgi merveilleusement du torrent de gloire portant son héros des Pyramides aux colonnes d'Hercule » lâche ses écluses. MM. de la Guéronnière, Céséna, Joncières, Fleury, Serres, Sainte-Beuve, Lafitte, Beulé, Couderc, Sibour, etc., etc., sont sous l'averse qui est tellement forte que le *Moniteur* lui-même, effrayé, déclare que le 1er Janvier prochain aucun *civil* ne doit s'attendre à être décoré. Des gens pressés, comme MM. Jubinal, Baour-Lormian, le citoyen Peupin (Peupin *l'ouvrier*, dont on connaît la brillante conduite à la journée du 15 Mai, Peupin..... trésorier de l'Empereur), entrent en rapport avec un certain marchand de décorations, prince de Gonzague et de Castiglione, duc de Mantoue, etc., avec le désir *manifesté* d'être décorés de cette auguste main ; malheureusement les décorations étaient mauvais teint et le prince vient s'échouer sur les bancs de la police correctionnelle.

Puis, c'est l'Angleterre qui, toujours perfide, nous fait cadeau du testament de Napoléon Ier (le restant de la carte à payer), et de tous côtés arrivent au Sénat des pétitions de gens surpris, mais enchantés d'entrer en possession de choses sur lesquelles ils n'avaient jamais compté, et que le donateur lui-même avait oublié qu'il ne possédait pas au moment où sa libéralité s'exerçait d'une façon aussi désintéressée. Les mécontents — probablement ceux qui ne sont pas de la fête — élèvent un peu la voix et la maréchale Ney, « ne pouvant souffrir que pour une simple question d'argent, le nom de l'illustre victime serve encore d'aliment aux discussions des partis », supplie l'Empereur de retirer le projet de loi qui la concerne.

C'est d'un bon exemple, mais ce n'est qu'un bon exemple, c'est-à-dire un fait isolé.

Et là-dessus, Napoléon III fait un voyage triomphal dans le Nord ; les populations d'Arras, Lille, Saint-Omer, Dunkerque, Calais, Boulogne, Amiens ont l'inappréciable avantage de contempler des traits popularisés par une monnaie dont le titre n'est pas indiscutable, et sont tellement émotionnées que *la Patrie*, qui suit le triomphateur, ne peut que soupirer ces mots : « cela brise, mais cela fait du bien ». Le maire d'Arras, à qui cela a fait du bien, appelle la République « ces jours de détresse où la France n'avait pas un lendemain », et oubliant son histoire de France — brisé qu'il est par l'émotion — s'écrie : « Ainsi, deux fois la Providence pour le salut d'un peuple, élève du sein d'une même famille des princes dont le nom, etc. » Quant à l'archevêque Parisis, ce vieux bénisseur d'arbres de la liberté, il est stupéfait de « la sérénité d'âme de l'Empereur qui ne s'émeut de rien, de cette force de volonté qui triomphe de tout, » — et il le dit.

Oui cela brise, si cela fait du bien.., et le Parisis a raison. La religion est loin d'être méconnue; monsieur Sibour, archevêque, après avoir fait eu deux mots *sévères*..... l'historique des pouvoirs tombés, montre combien après 1848 le respect de la religion, le respect de l'autorité étaient devenus des besoins populaires.... — à ce point que les députés voulant fêter, par un banquet solennel l'inauguration du nouveau règne et s'apercevant que ce banquet tombe un samedi, n'osent se mettre à table sans avoir reçu de l'archevêché l'autorisation de faire gras. L'archevêché est plein de mansuétude et Sibour « touché de cette louable démarche » leur accorde la dispense de l'abstinence pour le samedi. L'échange des bons procédés continue, et l'autorité décide qu'il n'y aura pas de bals masqués le jour de Noël. Le clergé sait la marche qu'il a à suivre ; quelques mots latins à changer, c'est bien simple : *Domine salvum fac imperatorem nostrum Napoleonem*, seulement M. Fortoul l'invite à réciter après l'oraison : *quaesumus omnipotens Deus ut famulus tuus Imperator noster, qui tua miserationæ suscipit regni gubernacula, etc.* ; le clergé s'y soumet avec empressement. Dieu, du reste, a besoin de Napoléon III, et ce dernier ne lui fait pas défaut ; apte à tous les métiers, il accepte le titre de premier chanoine de la basilique de Saint-Jean-de-Latran « la tête et la mère de toutes les églises » et dont M. de Montalembert était, je crois, grand sacristain ; — il siégera en robe blanche, doublée de velours bleu de ciel comme celui des chapelains de Sainte-Geneviève...... costume qui a vraiment quelque chose de séraphique, ajoute ce vieux converti *de Constitutionnel* entre deux hoquets éructatoires que lui ont donnés ces avant-goûts de paradis. Les aubergistes et les autorités de Reims, qui ne doutent de rien, veulent que l'élu de Décembre aille se faire sacrer chez eux au pied de ce même autel « sur lequel Hugues Capet vint prendre la couronne. » On rend au culte catholique le Panthéon trop longtemps souillé des pourritures de Rousseau et de Voltaire; on augmente le traitement des archevêques et des évêques — qui le méritent bien, et le cardinal Mathieu, dans un mandement resté célèbre, prouve aux aubergistes que *le fléau des chemins de fer* n'a été envoyé par le ciel que pour les punir d'avoir laissé leurs auberges ouvertes pendant messe et vêpres. Au surplus, l'autorité va y mettre la main, et, si chaque Français est libre d'obéir aux inspirations de sa conscience, « il appartient à l'Administration de donner l'exemple du respect des principes religieux et moraux, » et l'Administration ferme les auberges pendant les offices et interdit tout travail le dimanche, — ce qui n'empêche pas les travaux de l'Elysée et du Palais-Royal d'aller bon train dimanches et fêtes.

Sans parler du cierge bénit que le pape envoie à l'Impératrice à l'occasion de la Chandeleur, du mandement de l'archevêque de Rennes qui prescrit des prières pour la cessation des pluies (un peu de drainage ne ferait pas mal non plus), de la célébration du sixième anniversaire du miracle de la Salette, de l'arrivée à Marseille de l'évêque d'Amiens avec le corps de sainte Théodosie, de la découverte près d'Alger (généraux, curés, état-major en tête) des précieux restes du martyr Geronimo (ah! povero!), arrêtons-nous avec plus de complaisance sur les faits suivants : *Le Constitutionnel*, par un sentiment de haute convenance, que tous ses lecteurs apprécient, supprime brusquement la partie du roman d'A. Dumas : *Isaac Laquedem,* qui a rapport à Jésus-Christ ; — les tribunaux condamnent à six mois de prison un sieur Louis Patin, pour avoir communié sans s'être confessé ; — L'Empereur compose lui-même le programme de la semaine sainte ; après vingt-trois ans de silence, la chaire du palais des Tuileries recouvre sa voix, et *la Patrie,* — qui seul des journaux officiels et officieux paraîtra néanmoins le jour de l'Ascension — après avoir constaté que les cérémonies et le deuil austère de la sainte semaine ont été scrupuleusement observés par la Cour, ajoute que la Ville « en bonne personne a suivi cet exemple, avec une ferveur qui prouve combien les doctrines et les systèmes des philosophes du XVIIIe siècle sont loin de nous. »

La piété officielle renaît ; le préfet maritime de Toulon rétablit la messe de la marine, et le maréchal de Saint-Arnaud, interrogé par les chefs de corps si l'armée doit assister aux processions de la Fête-Dieu, répond : — Mais, comment donc !

Et cela n'étonne personne, puisque la conversion du Maréchal, commencée par un médecin homœopathe et achevée par *l'Imitation de Jésus-Christ* que lui fit lire la Maréchale, fut si complète qu'il se confessa (ce dut être long !) et communia en compagnie de tout son état-major.

Puis, comme fond de tableau, commence à poindre à l'horizon la pensée du règne !

M. de Nieuwerkerke, à qui l'Empereur a dit : « que toutes les dynasties ont laissé de glorieux souvenirs », fait ramasser à Paris et en Province tous les accessoires dramatiques de la Couronne, et de partout arrivent à ce dépotoir impérial, qu'on appelle *musée des souverains,* tous ces hors-d'œuvre monarchiques : mains de justice, marottes de fou, trônes brisés, chartes violées, vieilles tuniques et vieux manteaux; on secoue pieusement tout ce que les greniers des musées de province renferment de guenilles royales : perruques désenfarinées, crachats dédorés, hermines souillées, lauriers fanés, cordons flétris, serments trahis, droits confisqués, couronnes usurpées, cocardes retournées, et toute cette friperie, ces haillons, ces loques, tout ce bric-à-brac, cette ferraille, ces rebuts, toute cette poussière, ces hochets, ces inanités s'étalent — impérialement — sous les yeux des petits-fils de ceux qui, le 10 août, avaient jeté la Royauté par les fenêtres des Tuileries.

Des gens qui ne doutent de rien, comme l'ex-constituant, M. Evariste Bavoux, « dont les opinions, dit une biographie, ont de tout temps été très-libérales » s'écrient avec le lyrisme que comporte la situation : « Maintenant que l'atmosphère a retrouvé sa tranquille transparence et le ciel sa sérénité, notre patrie peut vivre, vivre heureuse, prospère et respirer à loisir les parfums que ses sens délicats et fins savourent avec délices. » M. Henri Cauvain, celui dont M. Villemain disait qu'il n'avait jamais vu un bossu aussi plat (et M. Villemain se connaissait en bosse et en platitude), poursuit la même idée avec plus de précision : « L'histoire nous apprend, écrit-il, que dans notre pays, les époques de calme qui ont suivi les agitations révolutionnaires, ont été marquées par la renaissance des lettres et des arts : Malherbe a paru sous Henri IV, Corneille a chanté sous le ministère de Richelieu ; le siècle de Louis XIV a été signalé par la gloire de la littérature et de tous les arts. L'Empire, quoi qu'on en ait dit, a été une époque brillante pour les travaux de l'esprit. Nous pouvons espérer que les mêmes causes produiront les mêmes effets, et que l'intelligence humaine, qui ne sera plus absorbée par les troubles politiques, se dédommagera amplement dans les œuvres de l'imagination et dans les créations des beaux-arts. »

Eh bien ! *malgré* tout cela, il y a encore des mécontents qui courent aux armes, armes légères, les seules qu'on n'ait pas pu emmagasiner dans les forts et dont ils se servent admirablement. De France à l'Etranger et de l'Etranger en France, vont et viennent, malgré le cordon de douane et sous les formes les plus diverses, mille cancans, commérages, menus propos, épigrammes, pasquinades, malices, et le Pouvoir, couché sur ce lit d'épines, se retourne souvent avec impatience. Le temps, du reste, est doux aux racontars scandaleux ; on se raconte la mort du général Cornemuse, — l'entrevue d'Orfila et de Saint-Arnaud, avec ce qui s'ensuivit ; — l'histoire du comte Camerata, cousin de l'Empereur, qui se suicide « à la suite de contrariétés diverses que son imagination de jeune homme lui ont exagérées à lui-même »..... dit *La Patrie* qui n'entend rien aux affaires de cœur ; — le départ de Saint-Arnaud pour l'Orient ; — l'affaire du duc d'Albe et de Pierre Soulé, — etc., etc., *Le Moniteur* qui, à lui seul, jouit de la liberté de la presse, dément tous ces bruits d'une façon vague et solennelle : « Une opposition tracassière et mesquine s'efforce de.....», ou bien : « La guerre des faux bruits est en permanence. Les rumeurs mensongères ou calomnieuses sur tous les sujets, sous tous les prétextes sont les armes accoutumées des coteries mécontentes..... »

Somme toute, opposition peu dangereuse; certaines affaires plus sérieuses, comme *le Complot de l'Hippodrôme et de l'Opéra-Comique*, *le Complot de Vincennes* ou *la Ligue fédérale*, l'*Affaire de la Commune révolutionnaire*, *le Complot de Marseille*, etc., permettent au gouvernement de se débarrasser des quelques républicains qu'il peut y avoir encore dans le pays, bien que *nous ne soyons plus au temps où une poignée de perturbateurs suffisait à inquiéter les esprits* — comme dit Cauvain. Du reste, le gouvernement Impérial ne demande pas mieux que d'être contenu par les discussions graves et réfléchies que des esprits sérieux pourront incontestablement soulever dans la presse, tel que, par exemple, *Le Journal de la Nièvre* qui vient de recevoir un *avertissement* et qui répond fièrement que ses sympathies pour le Prince que la Providence a placé sur le trône, n'en sont pas ébranlées, et il ajoute carrément qu'après comme avant l'avertissement et « malgré certaines appréciations dans lesquelles il a pu se tromper, il n'en reste pas moins fermement dévoué à la personne de S. M. l'Empereur ! »

Quant à l'opposition des monarchistes, elle est des plus vives et des plus intelligentes ! l'*Union ma-*

louine insère à l'article *Naissances*, la mention suivante : *Messire Pierre-Raoul-Marie-Emmanuel de Sérizay, écuyer, sieur de Grillemont*, protestation évidente contre les principes de 89, et le duc de Nemours fait une visite au comte de Chambord qui vient de publier un mandement... — que dis-je ? un manifeste dans lequel il se réclame de la Providence et prie Dieu de sauver la France.

Mais Dieu est du côté des gros bataillons !

Oublieux de ses devoirs, le pays semble se désintéresser des affaires publiques; on lui répète sur tous les tons que puisque son sort est fixé et que c'est lui-même qui l'a fixé, il n'a plus à s'inquiéter de rien et qu'il peut aller à ses plaisirs : « Les théâtres, les jeux, les farces, les spectacles, les gladiateurs, les bestes estranges, les médailles, les tableaulx et aultres telles drogueries, estoient aux peuples anciens les appast de la servitude, le prix de leur liberté, les utilz de la tyrannie »; — c'est aujourd'hui comme hier et l'argent que coûtent ces « drogueries », il le faut vite et n'importe à quel prix. Le travail, la loyauté, l'ordre, la prévoyance, beaux moyens vraiment! On joue, on hasarde, on aventure, on trompe et la passion du jeu devient telle — en bas comme en haut — que le gouvernement (qui en est la cause directe et qui en est bien aise), croit devoir féliciter Ponsard, l'ex-bibliothécaire du Sénat, de sa pièce *l'Honneur et l'Argent* et que le préfet de police fait fermer le *Casino Paganini!!!*

Bref, notre situation est telle que le *Times* s'écrie : « Un Sénat plus lâche que celui de Tibère a donné à l'Empereur les plus exorbitants pouvoirs et tué d'un seul coup toutes les garanties de la nation. Des favoris gorgés d'honneurs, des fonctionnaires sans conscience, des exactions inouïes, des crimes, tel est le gouvernement. »

Le Morning Advertiser n'est pas plus consolant : « Sur la surface du globe, il n'y a rien qui se puisse comparer au despotisme qui pèse sur la France et à la dégradation où elle est plongée…. Personne n'ose ouvrir la bouche dans la rue, dans le monde, dans la presse. Encore quelque temps et les Français seront plongés dans une barbarie telle qu'on ne pourra leur trouver de parallèle dans l'histoire des nations. »

Eh bien, lecteur, tu as vu quelle était la situation; tu as vu comment la jugeaient les étrangers… n'accorderas-tu pas des circonstances atténuantes à ces âmes faibles et défaillantes qui, en face de cette perspective, n'ayant gardé d'autre vertu que la vertu de la haine, ont reculé devant cette fange et préféré se laisser mourir plutôt que d'entrer dans l'égout ?

La proclamation de l'Empire ! comme je me souviens de ce jour-là !

Il pleuvait et il faisait froid — car on était en Décembre, le mois des Bonaparte — et pendant que le successeur et le restaurateur de la maison Napoléon passait crânement sous l'Arc-de-Triomphe, j'errais dans Paris, loin des tambours et des trompettes, pensant au *Discours sur la servitude volontaire* du vieil ami de Montaigne, lorsqu'en relevant la tête, mes yeux tombèrent sur une gravure pendue à l'étalage d'un marchand. Elle représentait, d'après un tableau de Mauzaise, l'arrivée en France de Napoléon Bonaparte et de sa famille ; c'est une barque dans laquelle ils sont presque tous : voilà l'amie de M. de Marbeuf, — peut-être bien un fondateur de dynastie, celui-là aussi, — la trop féconde Lœtitia Ramolino, depuis *Madame Mère*, la mère de tous les vices dirent plus tard les mécontents ; elle est là debout, pressant contre elle ses deux filles, Pauline et Caroline, âgées de treize et onze ans, — l'une de ces petites filles là deviendra la belle Pauline Borghèse et l'autre sera reine de Naples ; derrière se tient Elisa, elle a seize ans et ne songe pas à devenir grande-duchesse de Toscane ; Lucien n'y est pas, je ne vois pas Joseph, mais les autres sont là, Louis, Napoléon et Jérôme, qui n'a que huit ans....

Je restai longtemps devant cette gravure.... un coup de vent et il y en a tous les jours, — tous les jours il se perd des barques avec de pauvres diables de pêcheurs . . . .
. . . . et je pensai que ceux qui après cela croient à un Dieu juste et bon, doivent avoir une foi bien forte et bien robuste. Eh quoi ! la France n'a pas tressailli quand cette couvée d'oiseaux de proie, d'aigles si vous voulez, est venue s'abattre sur elle ! Quoi ! cette terre qui allait donner son sang le plus pur et le donner à flots afin que

tous ces Corses s'asseyent sur des trônes, cette terre qu'ils allaient asservir pendant un siècle, ne s'est pas entr'ouverte?. . . . .

. . . . .Les mères n'ont pas tremblé pour le fruit qu'elles portaient dans leurs entrailles, non! et les futurs sénateurs Bellator de Beaumont, de Beauveau-Craon, sans oublier celui qui devait être le héros des 29 Janvier et 18 Juin 1849, le trop célèbre Changarnier.... venaient doucement au monde.

Non, pendant que cette famille — illustre plus tard — mettait le pied sur le sol français, l'astronome Dangos découvrait simplement une nouvelle comète dans *le Corbeau* et le théâtre de la rue Feydeau donnait *l'Officier de fortune*. Les Tyrannicides faisaient le serment d'exterminer les despotes et recevaient de Palloy une médaille faite avec les fers de la Bastille, et les propriétaires — sur la proposition de Momoro — étaient invités au nom du patriotisme, à faire peindre en gros caractères sur leur maison la fameuse phrase:

INDIVISIBILITÉ DE LA RÉPUBLIQUE,

LIBERTÉ, ÉGALITÉ, FRATERNITÉ

ou

LA MORT

C'était bien la peine!

Nous dirons cependant pour les amateurs de rapprochements historiques, qu'on était au lendemain du 31 Mai, qu'on avait proclamé la patrie en danger, que partout on sonnait le tocsin, que partout on battait la générale et que l'Administration départementale s'écriait :

LA REPRÉSENTATION NATIONALE EST MENACÉE... SAUVONS LA RÉPUBLIQUE OU PÉRISSONS AVEC ELLE !

Etrange coïncidence, les Bonaparte arrivaient !

. . . .
. . . .

Et je m'éloignai, murmurant le vers de Lucrèce :

. . . . . . tuumque
Nomen, LIBERTAS et inanem prosequar umbram.

FIRMIN MAILLARD.

LES DERNIERS BOHÊMES

LES DERNIERS BOHÈMES

LE REQUIEM

DE LA BRASSERIE DES MARTYRS

I

L'autre jour, furetant à travers de vieux papiers, je suis tombé sur un lambeau déchiré d'un numéro déjà ancien d'un journal littéraire, *le Triboulet*... *le Diable boiteux*... *le Rabelais!*... Je ne sais lequel. L'article, dont je ne possédais que de courts fragments, était plein de soleil et de gaieté, et tout d'abord n'éveilla en moi qu'idées riantes et souvenirs charmants.

Il traitait *de omni re scibili*, mais cependant plus spécialement d'une certaine brasserie située rue des Martyrs, près Notre-Dame-de-Lorette, et des hôtes étranges qui la fréquentaient alors. Leurs pères, des siècles passés, allaient *à la Croix de Lorraine*, près de la Bastille, *au Cormier Fleuri*, près Saint-Eustache, *au Grand-Cornet* ou *à la Table de Roland*, près du Châtelet, ou *à la Petite-Pucelle* de la place Dauphine, *au Pressoir* de la rue Saint-Martin, *aux Trois-Entonnoirs* du pont Saint-Michel, et surtout *à la Pomme-de-Pin*, contre le pont Notre-Dame... Les fils, eux, allaient un peu partout aussi, si vous voulez, mais cependant plus particulièrement à la Brasserie !

La Brasserie, comme on disait alors, la Brasserie tout court ! C'était ainsi, s'écriait Alphonse Duchesne, que les Romains appelaient la Rome des beaux jours *Urbs*, c'est-à-dire la ville par excellence, et Alfred Delvau affirmait que si, par un caprice quelconque de la Providence, Paris venait à disparaître, comme Romulus, dans une trombe, ou comme Elie dans un feu d'artifice, et qu'il ne restât debout que la Brasserie de la rue des Martyrs, cette grande hôtellerie de l'intelligence, — il serait facile de refaire une cité nouvelle et intéressante, où, certainement, ce serait l'esprit qui manquerait le moins...

Je fermai les yeux et je revis tout-à-coup cette grande salle pleine de bruit et de lumière, au milieu de laquelle bourdonnent pêle-mêle des dévideurs de rimes, bardes attardés, poétereaux encore crottés du nid, des tribuns assis et rassis, des philosophes sans le sou et qui s'en moquent, ce qui est le vrai fond de leur philosophie, des chercheurs d'idées, des trouveurs de mots, des maîtres peintres et des peintres élèves de la nature, — école de Bougival ou de Batignolles ! Coureurs d'images et ciseleurs de phrases, chevaliers errants de la plume et du pinceau, audacieux chercheurs d'infinis, effrontés marchands de chimères, entrepreneurs de tours de Babel, croyants et enthousiastes, mais tous malades de la même maladie, de la maladie de Panurge, « fault d'argent » pour avoir tout dépensé dans l'acquisition de superbes châteaux au pays de Bohême ou avoir fait de longs et coûteux voyages au pays de la Prétentaine; mais tous aussi, héros de combats obscurs et quotidiens contre les réalités de la vie pratique, qui venaient là chaque soir réchauffer leur enthousiasme et parler de l'œuvre qu'ils avaient rêvée et qu'ils ne devaient jamais faire.

Ils sont là, groupés diversement, obéissant à leurs affinités électives, tous gens paradoxant, gauloisant et surtout *beuvant frais*, car ce sont des gaillards plaisants en faicts et en dictz, tous gens n'ayant pas la pépie et appelant continuellement de soif comme d'abus de crainte que la langue ne leur pèle.

Les goûts, les aptitudes, les tendances s'y cherchent, s'y trouvent, s'y rapprochent et s'y groupent d'eux-mêmes. L'attraction y procède bien quelquefois par antithèse, mais ces contradictions apparentes et toutes de détail y constituent l'harmonie..... a dit un habitué de l'endroit; cependant il ne faudrait pas croire que chaque groupe répondît à une idée bien nette et bien définie, et, à un certain moment, coloristes et ingristes, fantaisistes et réalistes, sociologues, abstracteurs de quintessence, tout cela philosophaillait ensemble dans la confusion et la promiscuité la plus capricieuse.

Approchons-nous de ce groupe, c'est le plus bruyant, le plus tapageur; la personnalité y est plus accusée que dans les autres : c'est celui des *réalistes* ou mieux des *naturalistes;* le grand'prêtre Champfleury officie en paletot noisette et en cravate jonquille ; — naturellement, il regarde et observe ; mais comme il est très-myope et qu'il a le nez sur les petites, petites choses dont il doit composer sa petite *Comédie humaine;* il ne voit pas Hippolyte Babou écrire, sur le coin de la table voisine, ce petit chef-d'œuvre d'esprit et de fine ironie : *La vérité sur le cas de M. Champfleury*. Courbet est assis en face de lui ; il a, ma foi, un superbe gilet blanc, probablement celui qui fut taillé jadis dans un jupon de sa grand'mère et dont Buchon disait :

> Dans ce gilet voilà vingt ans qu'il coupe et taille,
> Et pourtant, chaque fois, il va mieux à sa taille.

Il dit à Champfleury : « Je viens de chez le père Ingres, c'est arrangé comme dans une chapelle.... Sa femme est venue voir ce que je voulais, et quand j'ai demandé le dieu, le bonhomme est sorti de derrière une draperie....; il m'a donné un dessin... une vierge... (*avec abandon*). Tiens, je l'ai laissé dans la capote de la voiture. Il m'aime beaucoup, ct'homme ! Faut dire aussi que je suis le medium entre lui et Delacroix; toutes les fois que j'y vais, il me montre ses dessins... (*avec mépris*). Il n'en a fait qu'un, le plafond d'Homère, c'est toujours le même qu'il montre.

« Pendant que j'étais là, voici qu'il entre une espèce d'olibrius qui arrive en faisant des salamalecs à M. Ingres; il regardait le dessin, et puis, avec son pouce, il faisait des ronds et puis des ronds... en poussant des cris d'épileptique : Ah! que c'est beau! Ah! que c'est beau! Moi, je lui dis :

— Faites attention, vous allez fourrer vos doigts dedans.

Et le père Ingres a dit : « M. Courbet a raison, vous allez abîmer mon dessin. »

Noriac, qui est assis dos à dos avec Courbet et qui ne croit pas un mot de ce que vient de dire le maître peintre, profite de cela pour raconter à Scholl et à Busquet que Courbet ne connaît M. Ingres que pour l'avoir vu une seule fois, et voici dans quelles conditions.

Th. Silvestre avait obtenu, non sans peine, pour son *Histoire des Peintres*, que le dieu Ingres descendrait de son nuage pour poser chez un photographe, et, le jour venu, avait emmené avec lui Courbet, qu'il s'était bien gardé de présenter à l'irascible auteur du plafond d'Homère. Seulement, chez le photographe c'était Courbet qui avait posé M. Ingres; c'était lui qui, plein d'attentions et de gestes félins, le peigne à la main, avait coiffé le dieu en lui disant : Je vous assure que cette mèche est mieux ainsi, elle donne je ne sais quoi de majestueux, comme un commencement d'immortalité...

A quoi le dieu murmurait, en se laissant faire :

« Quel charmant garçon Théophile Silvestre a avec lui ! Combien son profil est d'un dessin pur et harmonieux ! C'est un délicieux garçon... »

Et jamais, au grand jamais, Ingres ne sut que c'était Courbet qui l'avait posé, — cela l'eût tué !

Théodore de Banville sourit, non de ce qu'on vient de dire ; il n'a pas entendu, il enfilait des syllabes en pensant à ce que Victor Hugo lui écrivait le matin même :

« Continuez à être heureux et charmant. »

Mais voici Gustave Mathieu et Pierre Dupont !

Mathieu, le feutre sur l'oreille, l'air dégagé, un bouquet de violettes à la boutonnière, s'écrie de sa voix sonore et tranchante :

> Laissez donc passer Jean Raisin
> Avec son vieil ami le pain.

— Dis donc, Dupont, récite-nous les vers que tu viens de me dire, c'est tout simplement un chef-d'œuvre !...

A quoi Dupont répond modestement : — Non, non, commence, Mathieu, chante-nous ta dernière chanson... Voilà qui est senti, qui est vécu ! — et, jetant un regard de défi sur un groupe de jeunes lakistes qui essayent de noyer l'infini qu'ils ont dans l'âme, dans la chope qu'ils ont sur la table, il ajoute : Et ça ne ressemble pas à une machine de M. de Lamartine.

Mathieu, d'une voix tonnante : Lamartine un piano, Hugo un grand homme, Dupont un grand poëte !

Et nos deux amis entonnent :

> Aux pays que le pampre dore
> La vendange débordera ;
> Le grenier sous le grain ploîra,
> Chantons la vendange et l'aurore.

Mais ils sont interrompus par l'entrée de Fernand Desnoyers suivi de sa fidèle compagne Adrienne, dite *Noisette*, et de son ami le riche Mancheron ; ils viennent de chez Jean-Edouard Dinochau « le restaurateur des lettres. »

> Il est en Breda-street une obscure maison
> Où fermente sans cesse un multiple poison....

Desnoyers est l'élève de Mathieu ; moine répondant comme l'abbé chante, il l'imite, surtout dans ses exagérations ; personnage sec, remuant et bruyant, il s'écrie de cette voix cassante et rogue qu'aucun de ceux qui ont connu Fernand, n'ont pu oublier et qui, aujourd'hui encore, me bruit aux oreilles, chaque fois que quelques-uns de ses vers me reviennent à l'esprit :

— Peste et ventre ! voilà Photophore ! (Photophore, c'est Monselet qui entre) « J'ai l'épreuve de l'affiche, elle est très-bien venue, » et il tire de sa poche une feuille jaune sur laquelle toutes les têtes se penchent : — c'est l'affiche de la GRANDE FÊTE DU RÉALISME.

| La fête aura lieu dans l'atelier du **MAITRE PEINTRE COURBET** CHEF de la peinture indépendante 32, *rue Hautefeuille*, 32 | *Ici* **un polichinelle** *dessiné* Par AMAND GAUTIER | La fête aura lieu dans l'atelier du **MAITRE PEINTRE COURBET** CHEF de la peinture indépendante 32, *rue Hautefeuille*, 32 |

Aujourd'hui Samedi 1ᵉʳ Octobre 1859

GRANDE

FÊTE DU RÉALISME

DERNIÈRE SOIRÉE D'ÉTÉ

(*Le peintre Courbet ne recevra pas cet hiver.*)

PREMIÈRE REPRÉSENTATION DE

MONSIEUR ET MADAME DURAND

Comédie en 5 actes et en vers, refusée au Théâtre de l'Odéon

LUE PAR LE POÈTE

FERNAND DESNOYERS

L'auteur des Bourgeois de Molinchard
CHAMPFLEURY
exécutera sur la contre-basse
UNE SYMPHONIE DE HAYDN

LES INTERMÈDES SERONT EXÉCUTÉS PAR MM.
C. MONSELET, G. STAAL, A. GAUTIER, BONVIN, A. SCHANN
et une foule d'autres notabilités

Mme Adèle **ESQUIROS** lira un **POÈME ÉPIQUE**

TITINE DANSERA LE CANCAN. — LES CHRONIQUEURS POURRONT S'ASSEOIR

On boira de la bière Andler

L'Éditeur PICK DE L'ISÈRE, fondateur des *Almanachs parisiens* de *Jean Guêtré* et de *Jean Raisin* assistera à cette solennité

Le piano sera tenu par quelqu'un

GRANDES SURPRISES!
PHYSIQUE BLANCHE

Et le jour de la soirée arrivé, le poète Desnoyers s'écria en sautant sur une table : « Attention ! voici une scène shakespearienne que les mufles seuls ne comprendront pas ! » Et il déclama la grande scène du *Cerf forcé*, (M. Durand trompé par sa femme), scène qui eut un succès ébouriffant :

> Malheureux cerf forcé, tu tombes ! pas de grâce !
> Debout ! voilà les chiens ! Debout ! bondis ! cours, cours !
> Va donc ! — Comme un éclair le paysage passe !...
> Pleure, écume, mais va ! tombe ! mais va toujours !
> Laisse tes poils, ton sang, aux arbres, car derrière,
> Derrière toi, sur toi, toute une armée entière
> De chasseurs, de limiers, de chevaux et de cors.
> Ebranle la forêt !...
> Etc.

En attendant, il présente à la société son ami Bouchart le coiffeur :

> C'est lui qui sait tourner les chignons ! c'est encore
> Lui qui fait les bandeaux et qui sait à fond l'art
> De lisser les cheveux nattés !!! Je vous décore
> Et vous nomme coiffeur de mes femmes, Bouchart !

Cela fait rêver le pâtissier Eugène Grû — pâtissier et homme de lettres, dont la carte de visite est ornée d'un couteau de cuisine croisé d'une plume avec ce simple mot *spes*; il vient de publier *Les morts violentes* et, comme Bouchart, a aussi en poche son commencement d'immortalité, sous forme de lettre signée Victor Hugo : *Les rois ont fait 93. Votre livre seul suffit à le prouver......*

Dans une situation plus modeste et aussi plus conforme à sa position inférieure, se tient timidement à ses côtés son premier garçon-pâtissier ; comme il est doux et pâle, on le prendrait volontiers sous son habit noir, pour un poëte mourant, s'il ne vous détrompait en vous offrant gracieusement un petit livre (car lui aussi — comme son maître — a mis la main à la pâte littéraire) en prose ferme et intitulé : *Comment se vengent les bâtards.*

Dusolier ricane dans un coin en écoutant Pouyadou qui lui dit : Vois-tu le réalisme, c'est une colonne vertébrale dont Balzac est le cerveau, Champfleury l'atlas, Mossand le coccyx : Duranty a sa place au *sacrum*. Duranty, qui, pour le moment, est assis simplement à côté de Champfleury, hausse les épaules et dit à Bonaventure Soulas : « Tenez, franchement, vous ne vous méfiez pas assez de l'étrange couleur jaune de votre paletot ; je suis sûr qu'elle influe beaucoup sur votre esprit et j'ai souvent envie de vous la teindre soigneusement en noir, dans votre intérêt. — (*Se recueillant et comme se parlant à lui-même*) Moi, j'ai la conscience d'être une individualité qui se forme et qui se développe...

II

Ah ! celui-ci, c'est Armand Barthet. — Pas Armand Baschet, Barthet le *Moineau de Lesbie*... Ne lui chantez pas la chanson que Pothey, son compatriote, a faite sur lui :

>Moineau de Lesbie,
>Charmant génie
> Nie, nie.
>
>Où donc es-tu ?
>Tu es donc foutu
> Tu, tu.
>
>*Chapelle et Bachaumont*
>C'était pas bon
> Bon, bon.
>
>C't'opéra là
>A fait fiasca
> Ca, ca.

Cela l'exaspère au moins autant que la poésie de son autre compatriote Max Buchon, qui vient d'arriver tout exprès de Salins pour prendre une chope à la Brasserie et vendre à Michel Lévy quelques histoires franc-comtoises. Pothey l'accompagne : il est rêveur et pense à une chanson qu'il veut absolument mettre sur ce timbre : *Et ta sœur, est-elle heureuse ?* ou sur celui-ci : *Ah ! y a-t-y des hommes qu'est potets !*

Barthet — qui aujourd'hui est à Charenton — s'assied en murmurant ces vers si tristement fatidiques :

> L'homme est fait de là sorte. Il respire avec l'air
> Les désirs inquiets qui tourmentent sa vie,
> Et de son cœur jaloux l'ardeur inassouvie
> Sous ses pieds fatigués substitue à plaisir
> Aux dégrés parcourus des dégrés à franchir.

Une espèce de géant, tout de noir habillé et répondant au nom de Muratori, passe auprès de la table ; c'est un psyllographe !!! Il a sous le bras un album plein de paysages découpés au ciseau sur papier noir ; c'est hideux ! il étale ses produits anti-artistiques, essaye d'en mettre un ou deux en loterie et finit par forcer la Landelle, l'auteur de la *Gorgone* comme nous disions alors pour lui rendre la vie amère — à écrire sur un petit registre disposé *ad hoc*, entre deux témoignages d'admiration l'un signé Jules Favre, l'autre Georges Sand, ce vers — qui est une pensée :

> *Après avoir admiré le beau talent de M. Muratori.*
> « L'homme est un bol de punch à couronne de flammes. »

Muratori s'en va triomphant montrer sa conquête au père Mailfer, un vieux graveur, que dans un an nous trouverons, chez lui, bien et dûment pendu.

Faisons comme Muratori, changeons de place. Ici de l'éclectisme à tous crins : voici des poètes, des peintres, des littérateurs, des photographes et jusqu'à des sculpteurs ! Il y a aussi des gens qui ne sont rien et d'autres qui sont tout cela à la fois.

C'est d'abord un particulier costumé en chasseur de grande maison, avec des petits ballons brodés sur sa chemise et qui fait suivre son nom Alfred Rousiot de cette mention : *Aéronaute de Sa Majesté Napoléon IV*; puis Pierre Petit — opérant lui-même — essaye de prouver à Châtillon qu'en général les temps couverts sont bien préférables au grand soleil et que c'est fort heureux — pour la saison d'hiver. Mais cela est bien égal à Auguste de Châtillon; il vient de commencer une traduction de Shakespeare et répond, à ceux que cela surprend, puisque Châtillon avoue lui-même qu'il ne sait pas un traître mot d'anglais : « — Mais c'est justement pour cela que je suis dans les conditions les plus favorables...; je me sers de plusieurs traductions, je ne prends que ce qu'il y a de meilleur, ayant soin de négliger le reste ; comme cela *ma traduction* sera bien supérieure... »

Pierre Petit devient rêveur, et heureusement pour lui et pour nous, Châtillon fait une diversion en lisant de force à La Bédollière : *La grand' Pinte,*

> A la Grand'Pinte, quand le vent
> Fait grincer l'enseigne en fer blanc,
> **Alors qu'il gèle,**
> Dans la cuisine on voit briller
> Toujours un tronc d'arbre au foyer;
> **Flamme éternelle,**

> Où rôtissent, en chapelets,
> Oisons, canards, dindons, poulets,
>   Au tournebroche !
> Et puis le soleil jaune d'or
> Sur les casseroles encor
>   Darde et s'accroche.
>
> . . . .
>
> Je salue et monte. Je vois
> Un couvert comme pour des rois !
>   La nappe mise.
> J'attends mes amis... Au lointain,
> Tout est gelé sur le chemin,
>   La plaine est prise.
> Pour mieux voir, j'ouvre les rideaux,
> Le givre étend sur les carreaux
>   Un tain de glace ;
> Il trace des monts, des forêts,
> Des bois, des fleurs et des cyprès ;
>   Je les efface.
>
> . . . .

La Bédollière, qui s'y connaît — bien que pratiquant mal — déclare que c'est un petit chef-d'œuvre d'art franc et descriptif... Mais Châtillon lui a déjà commencé la lecture d'un autre pièce : *La Levrette en paletot* :

> Ça doit s'manger la levrette,
> Si j'en pince une à huis clos...
> J'la f'rai cuire à ma guinguette.
> J't'en fich'rai, moi, des pal'tots !...

La pièce est amusante, mais La Bédollière, qui n'est pas venu à la brasserie exclusivement pour écouter des vers de Châtillon, si beaux qu'ils soient, est furieux ; il ne se doute pas de ce que le sort lui réserve. Pelloquet, qui attend impatiemment la fin des vers de Châtillon pour lire à La Bédollière une *grande machine* qu'il destine à la *Gazette de Paris*, hausse visiblement les épaules et lui dit, un peu à la cantonnade : Je ne connais rien d'em.. *bâtant* comme cet animal !

Et Pelloquet prononce *embâtant*, en appuyant sur l'*â* et en faisant ronfler l'*r*, ce qui donne à cette expression de haulte gresse une crânerie toute particulière.

Châtillon, qui a fini sa *Levrette* et qui est content de l'effet produit sur La Bédollière, cherche dans son portefeuille une autre pièce de vers ; — La Bédollière s'esquive poursuivi par Muratori, qui veut à toute force avoir sa signature sur son *alboum*.

Ici, un petit groupe très-affairé ; c'est la rédaction du *Diable boiteux* dont le premier numéro — qui doit paraître demain — est là étalé sur la table (*inter pocula*) encore tout humide de l'imprimerie. On le tourne, on le retourne : « — Qu'est-ce que le *Figaro* en va dire ? Il a de l'œil, n'est-ce pas ?... — On aurait dû flanquer des annonces plein la quatrième page, cela lui eût donné l'air d'un journal lancé.

— Ça va joliment embêter de Villemessant, dit Watripon qui doit s'y connaître, car ce sera au moins le deux cent trente-deuxième journal dans lequel Watripon aura écrit et qui sera mort à son aurore.

— C'est idiot, s'écrie Montjoye, c'est idiot ! les plumes du *Diable boiteux* flottent à droite, et la banderolle à gauche ! Le vent a beau être capricieux... il ne souffle pas en même temps de deux côtés opposés. » A quoi le peintre Louis Duveau auteur de l'entête du *Diable boiteux* — vexé de l'observation de Montjoye, répond : « Parbleu, je le sais aussi bien que vous, je l'ai dit au vicomte, mais il n'a rien voulu écouter. »

Le vicomte !... c'est Léonce Guyot de Montpayroux.

En ce temps-là, Montpayroux était un jeune homme tout fraîchement arrivé d'Auvergne, le lorgnon sur l'œil et la tête ornée d'un petit chapeau pesant trente-cinq grammes. Il ne sait pas encore que, quinze ans après il sera député, ambassadeur, etc., mais déjà ne doute de rien, et prétend que Montjoye est ivre, — ce qui n'est pas impossible, — que son observation ne signifie rien, que ce n'est qu'un détail et que ce n'est pas cela qui empêchera la feuille qu'il honore de sa signature comme rédacteur en chef de le mener à la postérité.

Alors, — le baron Frédéric Cuno de Reiffemberg fils le couvrait de son *impitoyable commisération*, mais Jules le Sire, lui criait dans l'*Eventail*, autre feuille de chou : « Nous vous tendons la main à vous, Jules Viard, Firmin Maillard, Octave Lacroix, Montpayroux et Duchesne ; si vous êtes attaqués par les forbans de la presse, jetez ce cri : *Alerte, minions* ! et rangeant notre bannière près de la vôtre, nous combattrons à vos côtés ! »

Etait-ce assez crâne ?

Georges Derrien qui, lui aussi, ne sait pas que quinze ans après, décoré par l'Empire et renté par la République, il sera nommé directeur de l'hospice

2.

des Quinze-vingts, lit à Octave Lacroix et à Firmin Maillard une petite pièce de vers intitulée le *Convoi du pauvre* :

. . . . . . Demain l'on écrira peut-être
Au fils, Numéro vingt : mort dans la nuit du trois.
Le fils qu'a-t-il besoin de suivre le convoi !
Il est pauvre… voilà la charité publique !

. . . .
Le prêtre revêtu des ornements de deuil,
Du temple du Seigneur daigne franchir le seuil.
Le cercueil n'entre pas : il souillerait peut-être !
Il est pauvre… voilà la charité du prêtre !

Firmin Maillard et Octave Lacroix déclarent que c'est très-osé et qu'ils ne voient pas trop où on pourrait insérer cela… — L'*Effronté* d'Alexis Dureau ne les prendrait pas…. — au *Triboulet*, peut-être ?

Mais le *Triboulet* a son poëte aussi, et qui lui donne même pas mal de tintouin. C'est Barrillot, un petit homme grêlé comme Veuillot ; il lit au secrétaire de la *Balançoire pour tous*, au vicomte Oscar de Poli — un jeune et ardent légitimiste, qui ne se doute certainement pas qu'un jour viendra où il acceptera sous une République les fonctions de sous-préfet, et à son rédacteur en chef Brocard de Meuvy, lequel bâille, soupire et pense *in petto* que les vers du chevalier de Parny sont bien préférables, la pièce qui doit paraître dans le *Triboulet* de demain, au grand désespoir de son rédacteur en chef le doux Altève Morand et du doux Raymond Signouret, secrétaire de ladite feuille. Mais les poëtes sont tenaces et Barrillot est un vrai poëte.

Il s'agit de cet affreux *François I*er de Clésinger que l'on avait mis dans la cour du Louvre et que le public s'obstinait à prendre pour le sire de Franc-Boisy : la nuit est venue, guidé par Triboulet, François Ier qui s'ennuie, descend de cheval et parcourt Paris, tout étonné des splendeurs de la capitale :

> Enfin nous arrivons auprès de la Clinique ;
> Le gaz éclaire encore l'ombre d'une boutique
> Au-dessus de laquelle est un grand placard vert ;
> Il dit, lisant le nom du docteur Charle-Albert :
> — Le progrès fermera la boîte de Pandore.
> (Et devant ce placard s nez s'allonge encore)
> Triboulet si cet homme eût vécu de mon temps,
> Je ne serais pas mort à cinquante-trois ans.
> — Sire, je vois paraître une lueur blanchâtre,
> Il est temps de monter votre cheval de plâtre.
> — C'est juste !...
>   Il était temps : deux minutes plus tard,
> Il allait, Dieu me damne ! entrer au lupanard.

Léopold Flameng, à Belligera — qui sera un jour l'éditeur Tandou et qui se pendra dans son salon à la place du lustre, et à Jean Duboys qui mourra fou, lesquels applaudissent avec fracas : — C'est aussi beau que du Barbier ! Du Cleusioux ne s'y oppose pas ; seulement il pense que tout cela gagnerait beaucoup à être traduit en *brézonek* et il déclame à l'appui la première églogue de Virgile :

> Dindan eur, vezen fau goloët a zeillou
> Tityr, he m'oc'h trankil ho son ar biniou,..

Le poète Eugène Cressot, une sorte de Pierre

Gringoire qui mourra le jour où son estomac déshabitué pourra faire plus d'un repas en quarante-huit heures, sourit pendant que Constant Arnould, l'auteur des chants de la *Mansarde* et du *Sans-le-sou*, qui a sur lui le pantalon que portait Charles Gille le jour où il se pendit, et qui vient du Père-Lachaise demander au concierge s'il est permis de mettre deux corps dans une même fosse, afin d'être enterré — le plus tard possible, cependant — auprès de Gérard de Nerval, pense simplement que Barrillot ferait reculer les limites du génie, si le génie avait des limites.

Mais Amédée Hardy, qui plus tard sera décoré sous l'Empire, dit à Desdemaines, que nous appelions Desbedaines, à cause de ses précocités abdominales, lequel deviendra M. Desfoux-Desdemaines long comme le bras, sous-préfet de Saint-Malo sous le gouvernement de la Défense nationale et dégringolera à Pont-Audemer sous la République de M. Thiers : — « Eh bien ! je trouve ces violences là inutiles et déplacées et, je crois, comme tu le disais il y a un instant, que nous pouvons rester ce que nous sommes, c'est-à-dire deux excellents républicains tout en écrivant à la *Revue des races latines* d'Hugelmann. »

Cette déclaration de principes fait échanger un sourire entre Jules Viard et Hector Pessard, qui causent politique et littérature mêlées, et on étonnerait certainement davantage Viard en lui disant que dans quinze ans, M. Pessard après avoir passé par M. Tarbé du *Gaulois*, pour tomber en M. About du *Soir*, arrivera jusqu'à M. Thiers qui lui cher-

chera une haute position administrative, qu'en lui disant à lui, Viard, qu'à cette époque il y aura déjà longtemps que lui, Prosper-Jules. Viard (Prosper !!!) sera mort sur la paille et enterré aux frais du *Figaro* son ennemi, contre lequel Pessard vient de le défendre éloquemment dans le *Méphistophélès*. A côté, Ch.-Louis Chassin lutte bruyamment contre Emile Solié, Paul de Lascaux et Glorieux qui le blâment de vouloir quitter le *Courrier de Paris* du banquier Prost, pour la seule raison que ce journal vient de changer de direction et que le nouveau programme signé Chéron de Villiers peut se résumer en cette phrase : l'*Empire c'est la liberté* ! Chassin épuisé retombe sur sa chaise en prononçant convulsivement le mot « Jamais ! jamais ! »

III

Alphonse Duchesne annonce à Edmond Roche qu'il va décidément porter aux Français sa comédie en 5 actes et en vers, *Armande Béjart* — dont le premier vers est encore à faire ; il lui en parle à mi-voix dans la crainte qu'on ne lui vole son sujet et Edmond Roche lui confie en retour qu'il a avec Journault un grand drame, le *Dernier des Mohicans*, mais qu'ils sont très-embarrassés, ne voyant aucun acteur capable de jouer le rôle de Bas-de-Cuir.

Pelloquet, qui n'est jamais en place et qui a entendu les derniers mots, commence un petit parallèle entre Fenimore Cooper et Walter Scott, qu'il interrompt brusquement : — « Ah ! voilà la petite Marie, une vieille camarade, une bonne fille ; figurez-vous, mon cher... » Et il va au-devant de sa vieille camarade.

Plus loin, Poulet-Malassis écoute Castagnary causer de la *Philosophie au Salon de peinture* et dit à Jean Rousseau : « Castagnary parle une langue charmeresse ! » Rousseau, qui est de la partie, fait la grimace et va retrouver Sieurac et Prouha auxquels il essaye d'inculquer un profond sentiment de respect à l'endroit de la critique d'art — dudit Jean Rousseau.

Entre Castagnary et le *catholique* Thirion, un fougueux défenseur de l'autel, Alfred Gaulier écoute impatiemment Alfred Delvau qui lui dit: « Vous n'avez pas souffert, moi j'ai souffert; j'ai mangé des racines dans les fossés des fortifications ; (*avec ampleur*) vous, vous n'avez jamais mangé de racines dans les fossés des fortifications ! »

« — Tiens ! bonjour, mon bon Paul, bonjour, mon bon Raoul, comment vas-tu, mon bon Adolphe ? ces chers amis ! Baptiste, donne-moi ma pipe et accroche mon chapeau. »

Baptiste : « J'ai eu l'honneur, il y a vingt ans, de servir M. Villemot, oui, M. Villemot du *Figaro* ; c'était aussi un grand homme, il allait au café de la Porte-Saint-Martin, il ne m'a jamais tutoyé, lui... »

Tony Révillon impatienté, mais doux encore dans son impatience : « Voyons, Baptiste, vas-tu me donner ma pipe, et que ça ne traîne pas. »

Pelloquet, qui a cherché vainement à s'introduire dans la conversation, s'éloigne en murmurant : « Villemot ! c'est une réputation surfaite, c'est comme Jouvin, je le dis dans mon article de demain... »

Tony s'est assis ; autour de lui de frais et souriants visages : d'abord lui Tony, puis Henri Camporini, un jeune russe qui, dans quelques années se trouera la poitrine à coups de poignard, Cervolle qui se fera tuer, si je ne me trompe, à Marsala, derrière Garibaldi, — deux phthisiques, à leur deuxième période, Sacré un petit journaliste qui est à la veille d'être mis à Clichy ce qui l'enchante au point de vue de son entrée dans le monde et Valette un avorton du Parnasse comme on disait du temps des *Précieuses*, — puis Charpentier, un jeune peintre habillé à la Van Dyck et dont les femmes raffolent : il le sait et s'en montre d'autant plus fier. Il fait aussi de la littérature et signe *Chope* dans le *Gaulois* des sieurs Varner et Del'Bricht des articles regrettables (je dis regrettables à cause de la peinture qu'il aurait pu faire pendant ce temps-là) ; du reste, a mal fini et est devenu, je crois, un riche Monsieur dans je ne sais quel trou de province. Ce jour-là, il avait été visité par la Muse, et se livrait à la composition d'une ode, l'ode à Nanteuil :

> Nanteuil
> N'a qu'un œil,
> Et cet œil,
> Plein d'orgueil,
> Est en deuil
> Sur le seuil
> Du cercueil
> De l'autre œil.
> Etc.

A côté, le jeune Geoffroy, le sculpteur, l'élève de Franceschi ; Dondey-Dupré, l'homme au lorgnon, Raymond de Breilh, Charles Joliet, Massenet de Marancour — un futur colonel de la Commune, le grand Rigaut son secrétaire, Albert dit Pietro, Paul Ferry, dit le *Jasmin du Nord*, et quelques autres *Jasmins* en herbe. Ils écoutent Alexandre Pillon, qui leur raconte tout ce qu'il lui a fallu faire pour découvrir le secret de Ponson du Terrail; mais il le tient cette fois et gare aux journaux !

Pelloquet, qui est revenu, continue ce qu'il disait il y a cinq minutes à une autre table : « Permettez, permettez, ce qu'il y a d'étonnant chez elle (il parle de sa vieille camarade), et ce qui est très-rare chez les femmes, c'est que vous la réveillez à n'importe quelle heure de la nuit... » (il va chercher une allumette pour allumer sa pipe)...

Charles Ducher, — qui ne pense pas devenir jamais l'allié de Paul de Cassagnac du *Pays* et autres lieux, et l'un des plus fermes soutiens de l'Empire, — raconte, tout en jouant au billard avec Alphée Jeannin, un musicien distingué, les persécutions qu'il a subies sous l'Empire. On était au lendemain du 2 décembre, Ducher jouait au billard (il paraît qu'il aime ce jeu-là) au café de la Mairie, à Montmartre, et trompait le temps, pendant les séries de son adversaire, en dessinant sur le mur, avec le blanc du billard, le profil de Badinguet, ce hideux profil si facile à imiter. Interpellation du patron ; querelle violente, arrivée de sergents de ville et finalement écrouement dudit Ducher à Mazas. On ne trouve chez lui de compromettant que la fameuse pipe au profil de Badinguet ; la saisie de la pipe une fois faite, il n'y avait aucune raison pour garder Ducher, qui s'en fut à la *Gazette de France* et plus tard à l'*Ami de la Religion* rédiger sous des noms d'emprunt des bulletins financiers.

Mais « *Fermez vos femmes, Coligny passe !* (imitant la harpe) *Tim, tam, toum !* » — Il est avec le sculpteur Chappuy, qu'on appelle Cahors, parce qu'il est de Grenoble, le marquis d'Urbin de la *Gazette de France* et Eliacim Jourdain l'*Ossian Dieppois* :

> Connaissez-vous en Normandie
> Un fils merveilleux d'Aladin ?
> Aussi grand qu'une tragédie,
> Dont la muse est une Lydie,
> Le brave Eliacim Jourdain.

Le chien Fouinard est dans leurs jambes. Mathieu de Monter recueille sur un carnet les phrases excentriques que Coligny laisse tomber de son écrin : — « *Nous sommes beaux, vous êtes laids !... Garçon, un morceau de bière ? — Qui veut me réaliser pour la force, moi Charles Coligny ! Personne ! vous n'êtes que des poitrinaires ! C'est bouffon !... l'absinthe est le cresson de fontaine de la jeunesse. Je vais effacer un verre d'absinthe et demain la Patrie dans ses vastes colonnes... Tim, tam, toum ! Où est Transtamarre ? il est sot, il a fait le Pantalon de ma jeunesse... C'est un mauvais poëte, il est vieux et il est laid, moi je suis beau et je suis riche... je vous payerai dans sept ans. Allons chez la Tritone : tel est mon but. Tim, tam, toum !* »

Quel toqué ! dit le sage François Talon, qui

mourra fou, à Vaudin qui n'écoute pas, car il se demande s'il n'ira pas le lendemain au café des Variétés pour remuer avec sa canne la tasse de café de Mahalin ou de je ne sais plus qui, afin de le forcer à se battre ; et Vaudin reste stupéfait devant Pelloquet qui, avant même de lui dire bonjour, lui continue ce qu'il disait précédemment : — « Eh bien, toujours charmante ! » et Pelloquet éclate de ce rire désagréable dont généralement le résultat était de glacer l'auditeur.

IV

Dans un coin un peu sombre, auprès de Barbizet le dessinateur du *Ménestrel*, de Fauchery le voyageur et de Théry de la Bibliothèque impériale, Masini le compositeur, l'auteur de *Où va mon âme*, dont la raison sombrera quelques années plus tard, fait des tontons avec de la mie de pain tout en suivant attentivement le jeu de son adversaire Nerva, un philosophe — qui vient d'aller à dame, et dont je n'ai plus jamais entendu parler ; l'italien Ruffoni et le père Boué, le flamboyant auteur des *Humanitaires*, *Prométhée ou le Martyr de Sainte-Hélène*, revue en vers, de 1848, les regardent. Quant au docteur Aussandon, qui se suicidera un peu plus tard, il dit à Fouque, autre philosophe rêveur et qui mieux que personne sait ce que lui coûte l'étrange existence qu'il s'est faite : — « Voyez-vous, Fouque, la vie est un combat continuel contre la mort, c'est un travail physique contre une dissolution chimique... »

M. Charles de la Varenne ! Toute la table salue ;

c'est la première fois que ce Monsieur vient à la Brasserie... L'accueil est un peu froid, il·y a de la méfiance dans l'air. Pelloquet est son ami (de la Varenne écrivait dans la *Chronique* du 4 mars 1859 : Je t'aime trop, toi et Pelloquet... — *Toi*, c'est Rolland), mais il déclare que c'est tout de même une fichue canaille ; quant à Rolland, il le présente et fait remarquer cette singulière réunion de noms à la même table : Duchesne, Barras de *la Semaine financière* (qui à cette époque était l'administrateur du *Diogène* de Rolland et de Bataille, ce qui n'était pas la même chose financièrement parlant), Maillard, Jourdan — celui-ci était un enragé collectionneur d'épreuves stéréoscopiques (il avait peut-être une autre profession, mais ne l'ayant pas revu depuis quinze ans, c'est le seul souvenir qu'éveille en moi son nom), et lui Rolland; rien que des noms de la Révolution. Et, ajoute Rolland, permets-moi d'appuyer sur la présentation de mon ami Firmin Maillard ; c'est le petit-fils de Stanislas Maillard ; toi, tu es le petit-fils de Maton de la Varenne... Vrai, le hasard ne pouvait mieux faire. Mais le la Varenne croit devoir jouer un peu la comédie ; il se lève et s'écrie en se reculant avec une sorte d'effroi : « Je croyais que l'auteur des massacres de septembre était mort sans postérité... » On le rassure à l'égard de mes grands parents et l'incident n'a pas de suite.

Au même instant, Pelloquet, qui fuit devant l'album menaçant de Muratori, tombe dans le jeune Antony de Menou (pantalon noir, gilet noir, habit noir... une figure longue et pâle, de longs cheveux plats et sur le tout un chapeau à rebords immenses... je le vois encore, (comme si c'était aujourd'hui) qui lui demande la permission de faire sa biographie.

Pelloquet, demande pourquoi ?... C'est parce que de Menou le trouve célèbre ; il vient de publier la biographie de Pagès (du Tarn), l'auteur de la *Nouvelle Phèdre*, et veut continuer la série. — Pelloquet entre dans une rage facile à concevoir ; on éloigne prudemment de Menou qui, suivi de son ami De Quelen et de l'auteur des *Chutes fatales*, Francis de Saint-Lary, lequel murmure sentencieusement : « *L'amour, c'est l'âme de la vie et la femme c'est la transition de l'homme à Dieu,* » pense que Charles Bataille, en tant que célébrité, ferait bien son affaire pour une biographie, mais il n'ose lui en parler.

Et il avait raison de se presser, ce jeune biographe ! car la phthisie le rongeait et la folie descendait lentement sur les deux autres.

« — Qu'es-tu devenu hier ? dit à Métra le doux poëte Daudet, nous ne t'avons plus vu, il n'était que deux heures du matin ; vous deux Glatigny, vous avez disparu avec Detouche... (C'est ce Detouche qui, plus tard, tentera vingt fois de se suicider et qui, après s'être précipité dans les fossés des fortifications, mourra à l'hôpital Necker après 78 jours d'agonie !)

— C'est Detouche qui voulait aller voir Nini ; il croit reconnaître la maison, nous montons au second étage — Tu sais, il était deux heures et demie

— Horreur! s'écrie Detouche, il y a de la lumière (un filet mince et pâle passait sous la porte), et il frappe discrètement... Rien! seulement la lumière disparaît brusquement. Indignation mal contenue de Detouche : Nini, ouvre, c'est moi, ton petit homme, je sais que tu y es, voyons, ne fais pas l'enfant,.. ne me force pas à employer des moyens qui sont dans mon caractère... Ouvre, ma chérie, nous sommes là quelques bons amis qui avons bien soif, car il est très-tard et tout est fermé... Ah ça, est-ce que tu crois que je vais sonner encore longtemps... — Et au moment où il redouble, la porte s'ouvre et une sœur de Bon Secours apparaît sur le seuil; la tête baissée et sans nous regarder, elle nous dit lentement et doucement : Vous devez vous tromper, la seule personne qui habite ce logement est morte ce matin et je veille le corps !... Tu penses, si nous avons dégringolé l'escalier.

A une autre table, David Sutter explique à Coffineau et à Léon Bailly le peintre d'*Etienne Dolet*, (un gros garçon doux et tranquille qui cependant dans quelques années se tuera à coups de couteau), qui ne l'écoutent pas, tout ce qu'il y a dans la perspective; — peuh! fait Coffineau, je n'en ai pas besoin pour mon affaire.

— Je vous demande bien pardon, insiste Sutter, on a toujours besoin de la perspective, et c'est pour en ignorer les règles que tant de gens ne suivent pas la ligne droite... Et il leur lit son sonnet à *La ligne*:

> La verticale avec audace
> Promène en tout lieu sa fierté,
> Sa grandeur et sa majesté,
> Et franchit noblement l'espace.
>
> L'horizontale prend sa place
> Sous le diadème argenté
> Cher à la terrestre beauté,
> Et dans le calme se prélasse.
>
> L'oblique par sa fonction
> Vient compléter la règle altière
> Gouvernant l'esprit, la matière :
>
> Trois en un, suprême union,
> Source de grâce et d'harmonie,
> Appui divin du vrai génie.

Plus loin Durandeau raconte la *Légende de Boirot* à une table où Gandon lit à Carjat quelques fragments de son nouvel ouvrage : le *Grand Godard*; Ils sont arrivés au moment où un soldat ivre ne veut pas se laissser conduire à la salle de police, le poste va tirer sur cet enragé, lorsque Grand Godard s'écrie :

— Laissez-moi essayer de parer à un grand malheur ?

— Mais tu vas te faire assassiner, mon pauvre Godard.

— Qu'est-ce que cela fait, si j'empêche un crime !

— Comment, comment, interrompt Carjat ?

— Oui, répond Gandon avec conviction : QU'EST-CE QUE CELA FAIT SI J'EMPÊCHE UN CRIME! est-ce assez romain ?

Viellot le secrétaire d'Alexandre Dumas, et Roulliot le directeur du *Stéréoscopique-journal*, comme dit Coligny, rient aux éclats ; — ce qui n'empêche pas Alcide Morin (qui mourra fou le lendemain du jour où il aura trouvé le mouvement perpétuel) d'essayer de prouver à Tilleul, un célibataire à qui la chose est parfaitement indifférente, qu'il est très-heureux que les enfants en nourrice ne sachent pas lire ; car l'Académie aurait déjà couronné bien des ouvrages sur l'art de téter et les pauvres petits ne sauraient plus comment s'y prendre.

Mais

>   Qu'a donc le peintre Gautier ?
>   Revient-il de l'autre monde ?
>   Ne sait-il plus son métier ?
>   Est-ce que Courbet le gronde ?

s'écrie Fernand Desnoyers ! ce n'est cependant ni cela, ni la mort de son alouette qui attriste ainsi Gautier, mais il a rencontré au bas de la rue des Martyrs Gustave Mathieu et Pierre Dupont se donnant le bras et suivant pieusement, la tête basse, le chapeau à la main, un haquet rempli de futailles vides : — Il faut honorer ses morts, disait Dupont en appuyant cette phrase d'un geste tragique.

— C'était lugubre, ajoutait, d'un air rêveur, le peintre des *Folles de la Salpêtrière*.

En ce temps-là, Couture était le seul peintre sérieux de son époque ; une petite épître restée célèbre l'avait appris à ceux qui auraient pu l'ignorer ; on en jasait ferme à la Brasserie et les élèves de Picot et de Couture se livraient sur ce thème à de nombreux combats. Capelle le peintre des *Souve-*

nirs de Morfontaine, Bachelin le peintre *des camps*, Roux l'auteur du *Lendemain de Pardon*, Roger, Marchaux — deux poitrinaires! Welé, que, dans quelques mois on trouvera un matin pendu dans son atelier, défendaient du bec et des ongles leur patron contre Pelloquet, qui affirmait tenir du petit Chose ou du grand Machin (Pelloquet n'avait pas la mémoire des noms propres) que Couture, invité aux chasses de Compiègne et ayant reçu la fameuse garniture de boutons, ne travaillait plus que coiffé d'un tricorne galonné, vêtu d'un habit vert à la Louis XV, le couteau de chasse au côté et le bas du corps perdu dans d'énormes bottes à l'écuyère. Les voisins de Couture l'accusaient aussi de donner du cor à souffle perdu afin de pouvoir faire honneur à l'invitation impériale.

D'autres artistes sont aussi de ce côté — dangereux pour les littérateurs; il y a là le blond et lumineux Voillemot, Lassalle le lithographe, le paysagiste Lavieille, Cathelinaux le peintre de l'*Abreuvoir* Antoine Dumas, Jules Hereau, Galetti — un peintre doublé d'un caricaturiste, Ygnacio Mérino, de Lima, l'auteur du *Christophe Colomb devant les docteurs de Salamanque*, Charles Dœrr l'auteur du *César passant le Rubicon*, Ternande, les deux Hoffer, — Henry, le peintre, celui qui prochainement se pendra à une tringle dans son atelier en face de sa dernière œuvre: *Une petite fille qui porte des fleurs dans son tablier;* — puis son frère le graveur, celui que nous appelions *l'Albinos* qui mourra fou un peu plus tard; Deshayes, Couturier, de Serres, E. Leroux le peintre d'intérieurs bretons, celui qui au combat de la Jonchère prouva qu'il maniait aussi bien le fusil que le pinceau ; Godefroid, le peintre de marines, l'Espagnol Gilbert, qui travaille à un grand tableau les *Puritains d'Ecosse*, que lui ont commandé les Cortès ; les dessinateurs G. Staal, Mariani ; les sculpteurs Christophe, Millet, Durand, le mulâtre Warburg l'auteur de l'*Enfant jouant avec un lézard*, Joseph Lebeuf l'auteur du *Spartacus nègre*, etc., etc. Je dis côté dangereux pour les littérateurs.. car il est expressément interdit à ceux-ci par ceux-là d'émettre une opinion quelconque sur l'art en général, et plus particulièrement sur les productions de ces Messieurs.

Les phrases les plus étonnantes s'entrechoquent dans les airs :

— *Fait-il assez bonhomme ! c'est nature... — et ces ombres, comme c'est indiqué, quelques glacis de bitume... — Il tripote bien dans la pâte... — quel dessin rond et soufflé, on voit qu'il est de l'école de la Crampe au doigt... — beaucoup de pâte ferme et peu de gratin. — Le nombril est l'œil du torse. — Voilà ce que c'est que de tomber dans le chic. — Qu'est-ce qui a vu les frises de Saint-Vincent-de-Paul ? quelle grande tournure, comme c'est savant......*

— Flandrin, *c'est un ficeleur austère.....* et la voix de Pelloquet se perd dans un ricanement sonore.

Au bout de la table sur laquelle les dessinateurs Duval et Cuisinier se livrent un combat singulier au noble jeu de jacket, Vantadour, qui est plus gai que tout cela, à cheval sur sa chaise, vis-à-vis du peintre Hauguet et du décorateur Masson, imite à lui seul un feu d'artifice. Il imite tout, le *p'sch, ouisch, ouisch, ouiiiisch!* de la fusée en se mettant le pouce dans l'intérieur de la bouche et en l'agitant convulsivement, le bruit sec et mat de la fusée éclatant en l'air en se donnant de petites tapes sèches sur le crâne, le sifflement de la baguette, le frémissement, le ahhh! de la foule — et tout cela, sans cesser d'être à cheval sur sa chaise.

Emile Vernier, hier habile lithographe, aujourd'hui peintre d'un talent réel, trouve que c'est épatant, et que, comme observation, c'est bien plus fort que Balzac. Cela fait rager Houssot, qui se livre aussi aux imitations en attendant qu'il devienne célèbre en faisant chanter plus tard par Thérésa quelques inepties dont *Rien n'est sacré pour un sapeur* est resté le modèle. En ce moment, caché derrière la banquette, il imite une classe de petites filles (cela ne se raconte pas, à cause des détails); mais c'est très-amusant, et comme dit une de ces dames: c'est à pisser dans ses jupes.

Plus loin, Alexandre Leclerc, l'auteur du *Pierrot violoneux*, qui dans quelques années se pendra au Père-Lachaise, le dessinateur Paul Dumoulin qui s'asphyxiera dans quelques mois, et Adrien Tournachon, écoutent le sculpteur Franceschi:

— Tu vois cela d'ici? j'étais couché, il était bien minuit et demi et, comme je ne pouvais pas dormir, je jouais de la guitare.

— Tu jouais de la guitare?...

— Eh bien! oui, je jouais de la guitare, qu'est-ce

que cela a d'étonnant? lorsque j'entends la porte de l'atelier s'ouvrir tout doucement, tout doucement (je laisse la clef sur la porte, d'abord parce que je n'ai pas peur, et puis pour que la femme de ménage ne me réveille pas le matin), et des pas venir de mon côté. Terreur ! Une feuille du paravent qui entoure mon lit se replie lentement et je vois apparaître une tête qui me regarde avec de gros yeux étonnés, — puis le paravent se referme, et l'inconnu s'en va comme il est venu.

— Et tu ne dis rien?

— Comment, je ne dis rien! c'est-à-dire que je bondis hors de mon lit, je décroche une vieille épée espagnole et je me précipite dans la cour à la poursuite de l'assassin. Il n'était pas encore sorti et, en m'entendant, ne voilà-t-il pas qu'il revient et marche sur moi, tout cela sans dire un mot. Tu comprends que ce n'est pas drôle, la nuit, en chemise, les pieds dans des pantoufles... Je sais bien que j'avais une épée espagnole!... Bref, je recule jusqu'à ma porte et je rentre vivement faisant tête à l'ennemi qui avait hâté le pas et qui était sur mes *talons*. Je me fourre dans mon lit, j'étais terrifié; cependant je lui crie: Qui êtes-vous ? que voulez-vous ? vous voulez m'assassiner, n'est-ce pas ? mais je suis armé... Il m'interrompit très-poliment et le plus tranquillement du monde me dit: Je vous demande pardon de vous déranger, je ne sais où coucher, j'étais dans une des voitures du carrossier qui est dans la cour, mais il y fait un froid de loup, il n'y a pas moyen d'y tenir... J'ai vu de la lumière, et je suis entré ici... Je sais bien que cela va vous gêner, mais vous seriez bien aimable de me laisser passer la nuit dans un fauteuil.

Ce n'était pas un assassin ? Tu penses si je lui ai dit : Mais comment donc, avec beaucoup de plaisir. Néanmoins je te prie de croire que je n'ai pas fermé l'œil de la nuit. J'avais, du reste, dans la ruelle de mon lit mon épée espagnole...

V

Victor Teinturier, le peintre ensoleillé de la forêt de Fontainebleau, Vedel, le fils de l'ancien directeur du Théâtre-Français, et le paysagiste Blot, sont assis à la même table... Quelques années plus tard, assis encore à une même table, ils disparaîtront dans la catastrophe de Moret!...

Tout au fond, près du billard, à côté du secrétaire de la *Gazette du Nord*, Charles Tramont, qui, sous le consulat d'Adolphe, deviendra sous-préfet d'Etampes, Damourette, un de nos premiers violonistes, essaie d'expliquer à un beau jeune homme blond à lunettes, que tout le monde, le père Tardu lui-même, appelle *mon neveu*, par la même raison probablement qui fait que Guichardet est l'oncle de tout le monde, le jeu pratique de la *Boule harmonique*, et de lui prouver que c'est bien autre chose que la *Diligence de Lyon*. Mais *mon neveu* est distrait; il écoute son inséparable Le Bouïff lisant à Antignac, l'auteur des *Rabelaiseries* publiées dans le *Polichinelle* de Bry, la *Larme de marbre*:

> Sur le grand lac bleu que le zéphyr ride,
> Quand la lune au ciel, rempli de clartés,
> Dit en murmurant ses chants argentés,
> Pars, ô mon cheval, sans mors et sans bride!

Pars, franchis l'espace et fais si tu veux
Sangloter d'amour le flot et la vague ;
Moi, je serai là ! L'éclair de ma dague
Ira rayonnant dans mes noirs cheveux.

Et quand, éperdu dans la nuit profonde,
Tu verras surgir l'astre du palais,
Ecrase à tes pieds les fronts des valets
Et cours poignarder le cœur de ma blonde !

Frappe à tours de bras ! Frappe sans remords !
Comme un bûcheron saccageant un arbre,
Et rapporte-moi la *Larme de marbre*
Qui fleurit, dit-on, dans les yeux des morts !

Lombard, le peintre de la *Posada*, qui heureusement a l'oreille un peu dure, trouve ces vers fort remarquables et dit à Berthon, le peintre des *Souvenirs d'Auvergne*, que Le Bouïff ferait bien mieux de lâcher l'administration (il est employé dans je ne sais quel ministère), que son avenir est là. Berthon qui bégaye, de...e...mande si si ce mo...o...nsieur n'est pas de l'Au...l'Auvergne.

Charles Bataille discute vivement avec Monselet, qui défend les réalistes. « —Peuh ! peuh ! s'écrie Bataille, qui a de bonnes raisons pour négliger les arguments de Monselet (il est sourd comme deux sonneurs de cloches), le réalisme échauffé, bouffi, truculent et éploré à la fois, chante, en prose plate et crue, les ivresses morbides du sang enflammé et la mélopée de la chair en combustion... »

Mürger, que ces violences grammaticales fatiguent visiblement, et qui cherche depuis quelques minutes à faire un nouveau mot, hausse les épaules et dit doucement :

« — Je voudrais être à la place de Bataille, il est si sourd qu'il ne s'entend même pas.

— Vois-tu, petite, dit Guichardet à la duchesse de Nevers, je ne me suis pas marié, parce que j'aurais été très-maussade et très-jaloux, et j'aurais été très-jaloux parce que j'aurais été cocu et cocu parce que je l'aurais crânement mérité... abs! abs! puisque je me serais marié. Toi au contraire marie-toi ; tu as de l'ordre... abs! abs! tu achètes des meubles à tempérament... »

Mürger, se penchant vers Guichardet :

« — Cette femme prononce mal ; elle achète des meubles à tant par...amant : voilà ce qu'elle veut dire. »

Quant à Bataille, il est toujours sur les réalistes :

« — Courbet, dit-il à de la Madelène, fait grouiller sur un fond faisandé toutes les fécalités féminines ; sa peinture est la sentimentalité greffée sur le goître, la rêverie appliquée au cautère en guise de vésicant Leperdriel... »

Baudelaire vient d'entrer ; il ôte son *talma*, enlève son cache-nez rouge et apparaît vêtu d'un habit bleu à boutons d'or ; il me fixe, me fascine et m'attire dans un coin. J'ai fait un portrait de lui qu'il ne trouve pas ressemblant, aussi se répand-il en doléances assez amusantes : — Voyons, voyons je ne suis ni sec ni osseux et je ne suis pas aussi répugnant que le *Figaro* essaye de le persuader. Vous aurez pris un autre Baudelaire pour moi.....
On m'a montré, à moi-même, un M. Baudelaire qui était fort désagréable... ; quant à l'anecdote des noix et des cervelles d'enfant, là vrai, est-ce que

vous y croyez ? C'est une invention joviale de mon ami Forey, un élève de Delacroix.....

Mais nous sommes interrompus par une vive discussion qui s'élève entre Privat d'Anglemont et Arthur Kalkbrenner ; on entend ce dernier s'écrier :

— Enfin, monsieur, il y avait un Kalkbrenner qui accompagnait aux croisades l'empereur F. Barberousse, voilà qui est indiscutable !

Abd-ul-Ben-Assit, *notre spirituel dessinateur*, dit au chanteur Prat, qui se suicidera le jour où il débutera :

« — Tu es embarrassé pour peu de chose ; puisque tu ne veux pas traîner ton nom sur les planches, pourquoi ne t'appelles-tu pas Prat-y-que de Polichinelle ?... »

Cependant Claude Monet, fait en deux coups de crayon une charge très réussie du dit Bénassit...

Penché sus l'épaule de Monet, un vieillard à longue barbe blanche regarde en souriant : c'est le père Andrieu. Il a le bras passé autour du cou de l'aîné de ses fils, Jules Andrieu qui plus tard deviendra Andrieu, membre de la Commune. Pour le moment, c'est un garçon doux et affable : il tient à la main un petit *Sophocle* et se délecte dans la lecture des fameux chœurs. Son père, qui n'a pas trouvé Gaulier pour faire sa partie d'échecs, pense que si Monet voulait illustrer la *Presse de la Jeunesse*, dont lui, Andrieu père, est le directeur, cela marcherait très bien. Il sourit d'un air incrédule à Louvet, qui engage vivement Guillot à publier la lettre qu'Arsène Houssaye vient d'adresser aux rédacteurs du *Quart-d'Heure*.

« Messieurs,

» Votre quart d'heure est le mien, votre horloge est un cadran inondé de soleil et qui ne craint pas d'éclipse, ou plutôt c'est une belle pendule de Boule qui sonne le vif carillon de l'espoir en marquant juste la minute du siècle.

» A ces causes, veuillez bien m'inscrire au quart d'heure de vos abonnés et me croire votre très-reconnaissant lecteur.

» A. HOUSSAYE. »

Guillot trouve la lettre fort belle, mais comme il n'aime pas Houssaye, il a de la méfiance et va partout cherchant quelqu'un qui connaisse l'écriture d'Arsène — bien que Chambert, le secrétaire de de Mirecourt, lui en affirme l'authenticité.

Pauvre Guillot ! après avoir un peu écrit au *Gaulois*, au *Figaro*, aux *Salons de Paris* (!!), la mort le prendra tout triste, tout désenchanté — surveillant d'une place de fiacres.

Auprès du breton bretonnant Luzel, Z. Féron, que nous retrouverons un jour à Bicêtre, lit je ne sais trop quoi au doux et indolent Batté. Etrange, ce Batté ! il deviendra riche plus tard, n'oubliera pas pour cela certains de ses vieux camarades du temps jadis, auxquels il fournira même les moyens de publier leurs œuvres, et restera lui, Batté, l'auteur du *Coquebin*, roman INÉDIT !!!... Quelques poëtes — faméliques et phthisiques, hélas ! Dubellay, Armand Lebailly, avec sa redingote grise, sa cravate rouge et son chapeau gris bordé de soie noire, Balesta, oublient l'heure présente, en causant de l'heure future ; — il y a longtemps que pour eux tout est fini !

Olivier Pichat parle escrime à Eugène Grisier, qui lui répond beaux-arts : Eugène Grisier, que je viens de rencontrer dans cette même rue des Martyrs, aveugle et se traînant au bras d'un compagnon, écoute, ainsi que Habans, le sourire aux lèvres, une nouvelle anecdote que Jules Richard, qui, à cette époque, écrit au *Messager de la Bourse* avec J.-A. Langlois, le collaborateur de Proudhon, raconte à Bourgogne, un futur rédacteur du *Phare de la Manche*. Ce Bourgogne avait des idées bizarres comme par exemple de chanter sur l'air de *El saltarello*, le *Poëte mourant* de Millevoye, ce qui donne des effets étonnants — essayez-en !

Ils sont bruyamment interrompus par l'arrivée de Charles Vincent, l'auteur des *Compagnons du Tour de France*, d'Edouard Plouvier et d'Auguste Luchet, — qui viennent de festoyer chez Bonvalet, — Bonvalet le futur conseiller municipal ; Buchet de Cublize est avec eux, il prépare une *introduction philosophique* à l'*Histoire de la cordonnerie* que va publier Vincent auquel il dit : ce cordonnier dont je te parle, ou mieux cet hypodematorraphos, comme nous l'appelions alors, était contemporain de Touthmosis roi d'Egypte...

— Assez de savetiers pour le moment, s'écrie le directeur du *Moniteur de la cordonnerie*, et il entonne joyeusement la chanson qu'il vient d'improviser :

Sous le ciel quand tout me déplaît,
Quand sombre et froide est l'atmosphère,
Je viens voir l'ami Bonvalet,
Et Bonvalet remplit mon verre !

Et cela sur l'air de : *Et voilà comme tout s'arrange.*

Jules Vallès, Henry Denys, l'auteur d'un *Panurge* et d'un *Capitaine Toby*, — inédits, — et Alexandre Monin, dit l'*Année des Cosaques*, s'entretiennent des destinées réservées à la revue le *Présent* qu'ils viennent de fonder pour savoir si le cœur de la France bat encore, et afin que *les méconnus, les incompris, les gémissants, les chercheurs, les écervelés, les bayeurs aux corneilles de l'art, les sœurs Anne de l'avenir*, n'aient plus d'excuse. Monin passe en revue le personnel de la *Revue des Deux-Mondes*; il est sévère, et, après avoir malmené les gens de la maison, il termine par ces mots : — Quant à de Mars, il a l'air d'un séminariste qui vient de commettre en secret une mauvaise action.

Poupart, qui a été presque dominicain, et qui, mieux que personne, sait que Dieu propose et que l'homme dispose, se méfie du présent et de sa Revue ; il développe à Potrel, un ancien élève de l'Ecole normale qui arrive d'Odessa, où il jouait la comédie, le plan d'une grande pièce en vers, sur laquelle il compte beaucoup plus, et, où, lui et Vallès ont mis tout ce qu'ils ont dans le ventre. Si l'Odéon ne saute pas !... Potrel écoute impatiemment, tranchant dans le récit par des phrases d'une ironie froide et implacable, d'une verve mordante et amère.

Lemercier de Neuville, assis à côté d'un gros

pupazzi, sorte de pot à tabac, répondant au nom de Calmels, — entrepreneur, marchand de terrains et FABULISTE !!! — cherche à lui persuader de faire un journal dans lequel il pourra publier, tout à son aise, ses apologues passés, présents et futurs, puisque les grands journaux n'en veulent pas, sous prétexte que, depuis La Fontaine, ce genre est bien démodé. Le père Chareau, qui est aussi un de nos fabulistes les plus distingués, mais qui n'a pas de journal à lui, soupire et préfère écouter son fils Ludovic, H. Castille, de Varennes et l'ex-représentant Sortin, qui parlent politique; Charles Woinez, un poète de talent, l'auteur des *Nationales,* d'*Hier et Demain,* de la *Guerre des Fourmis,* opine du bonnet et dit, comme Castille, que l'indépendance est une très-belle chose, mais que, malheureusement, on ne fait pas toujours ce qu'on voudrait...

Albert Wuillot (de Carteville), l'auteur des *Humbles,* — un de ces poètes qu'on ne peut empêcher de chanter, parce qu'on n'empêchera jamais, comme dit de Lascaux, *le bluet modeste d'émailler les blés ni la cigale de chanter quand le soleil dore les champs et les bois,*—est complétement du même avis.

Pauvre poète des *Humbles!* Ancien sous-officier, après être devenu rédacteur du *Moniteur,* ne s'est-il pas fait condamner en cour d'assises pour je ne sais plus combien de faux, cent cinquante, je crois !

<blockquote>
Tel qu'un crime a conduit sous les portes du bagne,
Qu'une bure infamante a pour longtemps vêtu,
Dit que c'est son destin qui perdit sa vertu
Et forgea le chaînon qui partout l'accompagne.
(*Les Humbles.*)
</blockquote>

A côté, le rédacteur du *Weg-Weiser*, un sieur Crell, refugié prussien qu'il m'a été donné rarement de voir à jeun et qui buvait (heureusement, il en est mort !) à lui seul comme un Français et un Prussien — intempérants, se débat entre deux apôtres MM. Lachambeaudie et Jean Journet qui veulent absolument le faire souscrire à leurs œuvres. Repoussées avec perte, ces deux vieilles barbes se replient en bon ordre sur Victor Michal qui discute avec les avocats Léon Margue et Félix Leloup.

Clic ! clac ! — C'est le bruit d'une paire de gifles qui viennent d'enrichir la collection de Potrel ; il se lève vivement, prend son chapeau et se dirige vers la porte, puis se ravise et se tournant du côté de celui qui vient de lui administrer cette correction, il s'écrie d'une voix de tonnerre, l'index menaçant :

— Et surtout, Monsieur, ne vous vantez jamais de m'avoir souffleté.

Loin, plus loin, à une certaine distance des peintres qu'ils regardent avec mépris (mépris qui n'a d'égal que celui que leur rendent les peintres), quelques successeurs de Vignole et d'Androuet du Cerceau, — Chabouillet, Bonnamaux *(des architectes le plus beau)*, Vieillard, Bonnaire, etc., causent plan, coupe et élévation, pilastres, chapiteaux, architraves, etc.

« — Oui, dit Vieillard, l'architecture est le premier de tous les arts, et c'est pour cela qu'il y a tant de peintres et si peu d'architectes. Celui-ci doit tout savoir... mais, aujourd'hui, nous nous moquons de la tradition ; avec la foi, le goût est parti, et, au lieu de faire comme on a fait avant nous,

nous nous livrons à des imitations ridicules... comprenez-vous la nuance ? »

Bonnamaux, les yeux au plafond :

« — Quelle époque ! quelle époque ! on ferait un chef-d'œuvre que le public n'en voudrait pas. Aussi...

Vieillard. — Il y a longtemps que j'ai renoncé à tout cela ; il n'y a qu'une chose de vrai, c'est la pêche à la ligne... Tiens, je ne vous disais pas... (*négligemment*) : j'ai pris hier, au-dessus du pont de Bezons une carpe de vingt-sept livres... »

Près de Johannis Guigard, de la *Bibliothèque impériale*, de Marrast un spirite, qui plus tard sera chef du matériel à l'Hôtel-de-Ville, pendant la Commune, et de la Rigaudière (il y avait des particuliers qui prononçaient la Nigaudière) l'auteur d'une *Histoire des persécutions religieuses en Espagne*, le créole Melvil-Bloncourt, le futur député de la Guadeloupe, raconte que c'est lui qui, en 48, au nom du *Comité central des Ecoles*, termina ainsi le manifeste qu'il adressait aux étudiants de l'Allemagne et de l'Italie : « Enfants de l'Uôpe ouégénéouée, eucevez l'accolade fuatenelle de la jeune Fuance, qui, losque Dieu le voudua, seoua heuveuse de bûlé poue vous défendve, les catouches qui lui ouestent des combats du vingt-quouate fevier.

» Couage ! ka vous lutté poue la fouatenité univeselle ! »

Cette chaleur inusitée, due à la « ouéouébéoualtion du gaz, » jette un froid parmi les timides, que le sieur Kelche (du complot de l'Opéra-Comique) épouvante encore en affirmant qu'il y a des mouchards et que le moment de marcher n'est pas encore venu.

Et le sieur Kelche avait des raisons pour être très-bien renseigné là-dessus.

Des citoyens qui ne parlent pas politique, mais qui ne s'entendent pas mieux pour cela, le compositeur Camille de Vos, le pianiste Descombes, J.-J. Debillemont l'auteur d'*Astaroth*, et Eugène Delaporte des *Orphéons*, causent musique ce qui ne veut pas dire précisément que l'harmonie règne à cette table, non moins bruyante que les autres. Il s'agit de classer ce pauvre Abadie, l'auteur des *Feuilles mortes*, qui vient de mourir de chagrin et de misère à l'hôpital.

» — Il ne laisse rien, mais rien derrière lui, dit un des féroces !

— Je vous demande bien pardon, insinue doucement Delaporte, il laisse trois enfants dans la misère la plus complète.

Je vois encore quelques artistes de ce côté : un chef d'orchestre, Valdteufel, et deux violonistes de talent Gout, de l'Opéra, et Noirot, du Théâtre-Lyrique : Noirot, que tout le monde félicite sur sa bonne mine et sur son engraissement subit, et qui sourit... — ne sachant pas que c'est le commencement de la maladie œdémateuse qui doit l'emmener dans trois mois ; un cor, Massart, le violoncelliste Pœncet qui, ayant perdu la vue, vient de mourir professeur du Conservatoire de Dijon.

Non loin, sous le regard dédaigneux du Talma des Batignolles M. Jean, quelques professeurs de déclamation élucident un projet qui doit détruire de fond en comble le Conservatoire....

« — Le Conservatoire de quoi ? » demande Martel-Caristie à Ricourt l'ami de Ponsard, et à Albert dit *Piffard*.

Mais Jean est debout, ses longs cheveux blonds sont rejetés en arrière, et sa barbe s'épanouit en forme d'éventail ; il boutonne rapidement son habit, arrondit le bras, et menaçant, s'écrie :

> Princes, quelques raisons que vous me puissiez dire,
> Votre devoir ici n'a point dû vous conduire,
> Ni vous faire quitter, en de si grands besoins,
> Vous le Pont, vous Colchos, confiés à vos soins.

A quoi Piffard, qui est plus malin que les autres, car il a différentes cordes à son arc et dans sa poche un brevet de perfectionnement concernant l'engrais humain, riposte aussitôt :

> Cette emphase maussade
> Eblouit quelquefois, jamais ne persuade.

Jean ne se possède plus : la veille, il a été sifflé à l'Odéon pour ses débuts, aussi la colère l'entraîne jusqu'à parler en vile prose ; il sort de la Brasserie après avoir lancé cet anathème :

« — O vous tous, Zoïles, critiques d'estaminet, je vous traînerai en police correctionnelle comme de vils diffamateurs, et je vous écraserai tous sous le talon de fer de mon pied malade. »

. . . .

Mais il est minuit et demi; la Brasserie se vide peu à peu.

« — Qui est-ce qui descend chez Piton ? (Piton était un pâtissier dont l'établissement, situé près du théâtre des Variétés, ne fermait qu'à deux heures du matin, et chez lequel on allait souper) s'écrie Jules Mahias, l'auteur d'un volume de vers resté inédit : *Les Virginales !* »

Oui, Mahias (Jules) ! ce qui ne l'empêchera pas de devenir plus tard secrétaire-général de la Seine, sous-préfet de Saint-Denis et préfet d'Oran.....

Ceci soit dit pour les gens sérieux qui prétendent que la bohême ne mène à rien !

VI

Et ces Dames!

Allons-nous donc les oublier? Oh non! Il n'est pas un de ces fous dont je viens de parler qui ne garde précieusement au fond de son cœur le souvenir de quelqu'une de ces belles filles toujours prêtes à offrir, comme sainte Marie l'Egyptienne, leur beau corps en payement de leur passage... à l'immortalité; toutes pratiquant du reste les plus pures doctrines de *la belle heaulmière*, et ne craignant après Dieu que la vieillesse.

> Car vieilles n'ont ne cours ny estre,
> Ne que monnoye qu'on descrie,

Il semblait qu'une voix intérieure leur criât :

> N'envoyez plus les hommes paistre
> Tous vous fauldra clore fenestre
> Quand deviendrez vieille flestrie :
> Plus ne servirez qu'un viel prebstre
> Ne que monnoye qu'on descrie.

et souvent elles arrivaient là le soir, les cheveux déffaits et un peu destortillez, avec les oreilles rouges, grand signe qu'elles en venoient, comme dit Brantôme...

Cette cité nouvelle, disait un habitué, pourrait, dans la supposition d'un abîmement universel, d'autant mieux se reconstruire, qu'on n'aurait pas besoin, pour obéir aux lois de la reproduction, d'employer le procédé grossier de feu Deucalion ou de feu Cadmus... Il y a là des grappes de filles amoureuses qui raffolent des pommes, comme Eve leur grand-mère — surtout des pommes qu'Hippomène laissait tomber devant Atalante — et qui s'opposeraient de leurs blanches mains à ce qu'on eût recours aux pierres, aux dents de dragon, ou à tout autre vilaine chose.

Quelques-unes, chantées par les poètes du cru, passeront, je l'ai dit, à l'immortalité, et ne vous souvient-il plus, ô mes frères ! de la blonde et mignonne Héloïse, célébrée par celui-ci et par celui-là...

> C'est la blondinette Héloïse,
> Dont la vue aujourd'hui me grise!
>
> Ses cheveux de verre filé,
> Qui lui viennent baiser l'épaule,
> Lui donnent de faux airs de saule,
> De ce pleureur inconsolé ;
> Dans les blondeurs d'un champ de seigle,
> Un jour qu'y dardait le soleil,
> Dieu cueillit sa tête espiègle,
> Fol épi toujours en éveil...
>
> C'est la blondinette Héloïse,
> Dont la vue aujourd'hui me grise !

Et Marguerite, l'incomparable Marguerite, la

reine des Marguerites, celle à qui Jean Raisin dédiait son beau poème des hirondelles :

> Belle au teint d'or, à bouche grande,
> Montrant des dents d'un blanc rêvé,
> Sous l'œil de velours en amande,
> A la chinoise relevé,
> O la plus douce entre les belles,
> Perle fine aux tendres lueurs !
> A toi ce beau chant d'hirondelles,
> D'amour, de soleil et de fleurs.

Et Adrienne, dite *Noisette*, dont Fernand Desnoyers disait : Rigolboche danse bien, presqu'aussi musicalement qu'Adrienne qui secoue la poussière de ses petits pieds au bout du nez de son vis-à-vis !. Que de gens viennent voir Adrienne à l'Elysée, le bal le plus gai et le plus somptueux du quartier Montmartre ; je l'ai rencontrée là un soir :

> L'œil bleu, le nez en l'air, vingt ans,
> Elle avait la mise voulue.
> Je la connaissais depuis longtemps,
> Dans Paul de Kock je l'avais lue.

Et Eugènie Schaveroche :

> Tes yeux puissante Schaveroche
> D'un noir sablé d'or, fiers et doux,
> Sont plus clairs que de l'eau de roche ;
> De grands cils, comme des jaloux,
> Semblent en défendre l'approche.
> En vain à leur courbe s'accroche
> Mon amour, le plus fou des fous,
> Les feux meurtriers que décoche
> Ton regard, belle Schaveroche,
> Le rejettent à tes genoux.

Puis, c'est Glatigny qui chante :

> Antoinette, nymphe athlétique,
> Aux regards lumineux, au corps
> Fait pour orner les temples antiques,
> Beauté de formes et d'accords.

Et Clotilde qui « courbe les fleurs moins qu'elle ne les frise. »

> Un brouillard lumineux environne son front
> . . . .
> Un or aérien, doux et frais et léger,
> Danse dans le duvet des lèvres radieuses
> . . . .
> Et l'air qui se respire auprès d'elle est pareil
> A l'air que nous rapporte Avril avec les roses,
> Et, comme nous buvons les rayons du soleil,
> Nous buvons les rayons de ses grâces écloses.

Hermance à qui Tandou disait :

> Hermance !
> Ah le joli nom de romance,
> Nom de romance et de roman !
> Que je serais bien votre amant !
> Ah ! le joli nom de romance
> Hermance !

Titine !

> Viens me baiser, Titine,
> Cela me rend content,
> Ne me fais pas la mine
> Hélas ! je t'aime tant !
> Laisse ma main caline
> Sur ton sein palpitant,
> Cela n'est pas Titine,
> Pour toi bien important.

Julia !

> O sœur du camélia,
> Julia,
> Viens sourire à nos poëmes,
> Toi qui vas, oiseau charmant,
> Si gaiement
> Parmi les vertes bohêmes !

Et celles-ci et celles-là !

Et il y avait encore Josefa, la grosse Pauline, la petite Adèle, Malvina, Mimi la Bretonne, Rosa la blonde, la petite Marie, une quantité considérable de Louise, plusieurs Augustine, des Delphine, quelques Julie.....; d'autres affublées de sobriquets pittoresques : *Cigarette, Clair de Lune, Monstre Vert, Grain de Raisin Blanc, Moutonnet œil-de-verre, Les œufs sur le plat* (celle-ci à cause de son manque de gorge).....

. . . .

Il est peut-être prudent de nous arrêter ici.

Mais ce sera toujours un honneur pour la *Brasserie des Martyrs* d'avoir introduit, au milieu des éléments les plus divers comme les plus étranges, *l'éternel féminin*...

Eternel féminin !... Hélas ! hélas ! où sont-elles ces dames du temps jadis ? Et, comme dit Villon, ne sont-elles pas

> Assises bas, à croppetous,
> Tout en ung tas comme pelottes ;
> A petit feu de chenevottes,
> Tost alumées, tost estainctes.
> Et jadis fusmes si mignottes !...
> Ainsi en pend a maintz et maintes.

VII

La Brasserie! quel bruit, quelle gloire! Elle eut ses historiens, et il serait injuste de les oublier ici. Le premier de tous fut Alfred Delvau dans le *Triboulet*; l'article n'est qu'un prétexte à entassement de noms propres, procédé qui était familier à Delvau; il a placé là des gens qui n'y étaient jamais venus ou une fois par hasard, et a omis des particuliers qui y passaient leur existence. Au reste, Delvau venait à la Brasserie depuis très-peu de temps, et il n'y connaissait que peu de monde quand il écrivit son article; les noms propres y sont même souvent estropiés. Malgré cela, l'article fit tapage — à la Brasserie, et quelque temps après, dans un petit journal que nous faisions avec Guyot-Montpayroux, Duchesne, qui alors était employé chez Mirès, fit ses débuts par un article sur la Brasserie intitulé les *Docks de l'esprit*, article qui est certainement et de beaucoup le meilleur de ceux qui ont été publiés sur cet établissement; encore Duchesne obéit-il à cette malencontreuse idée d'y faire asseoir des gens qui s'étaient à peine arrêtés à la porte, comme Georges Bell, Adolphe Gaiffe, Jules de Prémaray, etc.; ce qui enlève un côté de sincérité à cet article qui, cependant, je l'ai dit, reste encore le meilleur de tous.

Puis vient un article publié par l'*Illustration* et que son auteur, M. Henri Maret, a jugé à propos de conserver dans un volume intitulé : *Le Tour du monde parisien*; c'est un pauvre morceau d'éloquence vertueuse et indignée, dans lequel on rencontre des phrases comme celle-ci : « Rien de rassurant, en effet, dans l'aspect de ce café entre onze heures du soir et une heure du matin, on se croirait plutôt dans UN REPAIRE DE BANDITS que dans une assemblée de poètes..... » — N'exagérons pas, l'aspect de ce café n'avait en effet rien de rassurant pour les imbéciles, mais c'était tout.

Les articles sots et ridicules ne manquèrent pas à la Brasserie, et, sans parler d'une tartine signée Balech de Lagarde et publiée dans je ne sais quel carré de papier, qui pourrait me servir de preuve, la *Revue anecdotique*, mieux inspirée d'ordinaire, publia aussi une poésie signée la *Palferine* et dont j'extrais les vers suivants :

> Près Notre-Dame-de-Lorette,
> Voyez-vous ce sombre café,
> Dans ce quartier des amourettes,
> Plus fameux que les opérettes
> D'Offenbach et que le nafé ?
>
> C'est la célèbre Brasserie
> De nos Pléiades sans Valois
> Quelle vaste ménagerie !
> Il en vient de la *Causerie*,
> Il en est venu du *Gaulois*.

> Là des rimeurs de toute forme
> Chansonnent : le Mathieu rêvant
> Le Dupont à la pipe énorme,
> Le Desnoyers droit comme un orme
> Roide comme un *Bras-noir* vivant.
>
> Le Pelloquet à la voix d'orgue,
> Le Silvestre au profil tranchant,
> Le Maillard qui rêve à la Morgue,
> Le Vaudin, plus vif que Deforgue
> Casse les About en marchant.

. . . .

Cela n'est pas autrement spirituel.

Le la Palferine d'occasion qui a pondu ce morceau voudra bien me faire le plaisir de ne pas croire que

> Le Maillard qui rêve à la Morgue

est ce qui me fait trouver assez niaise cette petite pièce. Ma foi, non, car c'est peut-être ce qu'elle renferme de plus drôle !

Viennent ensuite un article du *Gaulois*, article très-faible aussi, intitulé *Photographies* et signé *Chope* (le peintre Charpentier), et tout un feuilleton de la *Presse* signé Pierre de l'Estoile (Arsène Houssaye) : un fouillis de mots et d'idées. C'est un article, comme seul, peut en écrire Arsène Houssaye : « Ce monde, en général, ces appelés, avec leurs extravagances, leurs travers, leurs folies, qui ne sont presque jamais des sottises, a beaucoup donné à retordre à ma curiosité. Il est allé tout de suite à ma sympathie. Au fond, cette luxuriance de sève est pleine de généreuses aspirations. Cette jeunesse que j'ai vue là ne péche jamais par la vulgarité, une ennemie avec laquelle je demande à ne me réconcilier jamais. Malgré les toilettes tapageuses qui la peuplent et les propos truculents qui ne se font pas faute d'y circuler, je ne cache pas ma sympathie pour cette académie toujours éveillée. D'ailleurs, je ne jurerais pas qu'il n'y eût point là de gens austères et très-austères, tels que le futur docteur Herbeau, Daniel d'Arthès, le second ou le troisième des Canalis ; Z. Marcas et d'autres Z et d'autres X ; et de ci de là, Olympio Junior, le neveu de Rameau, peut-être Rameau lui-même ; et Franjolé avec son violon ; et Fortunio avec son verre de Bohême. »

Un petit livre jaune intitulé : *Bouis-bouis, Bastringues et Caboulots* de Paris, publié sans nom d'auteur et saisi immédiatement par la police comme attentatoire aux bonnes mœurs, crut devoir consacrer aussi un chapitre à la Brasserie des Martyrs, qui n'était, cependant, pour parler la jolie langue de l'auteur, ni un *bouis-bouis*, ni un *bastringue*, ni un *caboulot*, et, par conséquent, ne méritait pas cet excès d'indignité. Je ne parlerai pas davantage de nombreux articles éparpillés dans les petits journaux, non plus d'un article niais et ridicule, intitulé : *La Brasserie ou comment se fait un petit journal*, publié par le *Figaro* et signé : L. Reynard.

C'est au-dessous du mauvais.

Tout ce bruit fait autour de cet établissement, si bruyant déjà par lui-même, excita un instant la colère et la jalousie de gens diplômés, Prudhommes universitaires, aussi savants que pédants, qui cherchaient péniblement, mais laborieusement, leur place au soleil; habitués à manier la férule, ils descendirent de leur chaire et se précipitèrent sur la Brasserie avec cette fureur aveugle qu'éprouvent certains animaux de basse-cour à la vue d'un chiffon de couleur éclatante. Il y eut des articles vifs échangés de part et d'autre, et, sous le titre de *Mélancoliques de Brasserie*, le *Figaro* fut quelque temps une arène ouverte où tartinèrent pour et contre, Sarcey, Duchesne, Soulas, etc.

> A bas les pions maudits,
>   L'Ecole normale !
> Au feu leurs riches habits,
>   Fruits de leur cabale !
> . . . .
> Chassons jusqu'aux *Débats*
>   Et sur les gouttières
> Ces gens que guide aux combats
>   Monsieur de Suttières !
> Rentrez chez François Buloz,
>   Elèves de Droz
> . . . .

Au fond de tout cela, rien de neuf, rien d'original; Sarcey lourd, commun, pédant, Duchesne plus spirituel, très-paradoxal et surtout croyant peu à ce qu'il écrivait.

Dans les lettres, s'écrie Sarcey, pauvreté est vice (et Sarcey le sait mieux que personne alors que, rédacteur du *Figaro*, il croyait en de Villemessant, l'homme « au billet de banque facile »); le journalisme n'est point un métier comme les autres; il n'y a point de père qui y mette ses enfants en apprentissage et qui les force à y demeurer.....

Vous ne réussissez pas! vous n'avez pas le courage qu'il faut pour attendre! Tournez-vous d'un autre côté. Si vous n'êtes pas fait pour la poésie, ne faites pas de la poésie; si vos vers ne vous rapportent pas de quoi payer votre bottier, faites des bottes vous-même.

Evidemment, si Sarcey n'avait pas de suite rencontré « l'homme au billet de banque facile », il était prêt à tout faire.

A quoi Duchesne répondait : « Depuis quelque temps il est de mode, dans plusieurs journaux, de faire une guerre d'épigrammes et de concetti aux camarades, littérateurs ou artistes, qui ont coutume de s'assembler le soir dans un lieu connu pour s'y serrer fraternellement la main, boire à l'allemande, nouer des relations utiles, entretenir les vieilles amitiés, causer à l'aise de l'événement de la veille, propager le mot du jour et faire la nouvelle du lendemain.

L'auteur des *Portraits politiques* (H. Castille) qui fut longtemps l'assidu familier de la Brasserie, n'en ouvrit pas moins la campagne, il y a trois ans, si j'ai bonne mémoire, par un article virulent dirigé contre un cénacle, auquel il donne la qualification trop générale de *buveurs de bière*. A sa suite, un journaliste en vieux (*je parierais que Philibert Audebrand sait bien qui c'est*) qui crache tous les samedis dans une gazette pour y faire des ronds, ne négligea aucune occasion de railler lourdement ces innocents épicuriens, quoique son verre eût bien souvent choqué les leurs; choqué, c'est le mot. Puis Ch. Monselet, en cela ou trop *dédaigneux* ou trop *oublieux*, leur décoche à son tour des flèches barbelées, qui se retournent contre lui-même. Enfin, vous venez, monsieur, en même temps que lui et à côté de lui, de les écraser de votre aristocratique anathème; c'en est trop, c'est le coup de miséricorde! — Pauvres *beuveurs*, que Villon vous couche en son *Grand testament*, que Rabelais vous prenne en sa digne garde, que Diderot vous console, et que la mémoire de Musset vous protége : vous êtes perdus! Adieu la *Pomme-de-Pin*; adieu les pampres de Meudon, adieu *Procope*, adieu la *Régence*, adieu la Brasserie, adieu paniers, vendanges sont faites! »

Oui, Monselet mordant le sein qui l'abreuvait chaque soir, Monselet dans une *Revue de l'année 1854*, publiée dans le *Figaro* sous le titre de *La semaine d'un jeune homme pauvre*, ne craignit pas de mettre en scène cet honnête établissement :

Le jeune homme pauvre (O. Feuillet).

Mais dites-moi, ils ne sont pas toujours jeunes, vos petits journalistes; j'en vois deux ou trois dont la tête commence à s'argenter.

M. de La Fizelière.

C'est vrai. Ce sont les fruits secs de la publicité. L'esprit, la verve, la malice, ne leur font point défaut cependant. Pourquoi ne sont-ils pas arrivés à une position meilleure? Interrogez-les, et ils vous répondront : « qu'ils ont manqué le coche. » Voilà pourquoi ils sont condamnés à demeurer éternellement dans la foule des conscrits, des débutants, qui les saluent jusqu'à terre le premier soir et qui, au bout de six mois, leur piétinent sur le ventre.

Et je me souviens des deux derniers couplets d'une chanson qu'il met dans la bouche d'un petit journaliste :

> Mais sur la table accoudé
> L'enfant un soir attardé
> Trouva sa lyre muette ;
>   Turlurette
> Ma tante urlurette.

> Je mourrai, je ne sais où,
> Dans un coin, peut-être fou,
> Sans quelqu'un qui me regrette
>   Turlurette
> Ma tante urlurette.

. . . .
. . . .

Je disais en commençant que tout cela m'était apparu plein de soleil et de gaîté..... Mais, comme dit Henri Heine, rien ne tourmente plus que de chercher ainsi à tâtons dans de vieux souvenirs, et me voici tout triste et tout songeur, penché sur ce passé qui n'est cependant pas vieux..... La Brasserie n'existe plus — en tant que café littéraire ; — c'est devenu une brasserie comme toutes les autres, et il y a longtemps que ce petit monde d'écrivains et d'artistes, monde alerte et bien vivant, a fui vers d'autres rives.

> Où sont les gratieux gallans
> Que je suyvoye au temps jadis
> Si bien chantans, si bien parlans,
> Si plaisans en faicz et en dictz ?
> Les aucuns sont mortz et roydiz ;
> D'eulx n'est-il plus rien maintenant ?
> Respit ils avent en paradis,
> Et Dieu saulve le remenant.
>
> Et les aulcuns sont devenuz,
> Dieu mercy ! grans seigneurs et maistres,
> Les autres mendiens tous nudz,
> Et pain ne voyent qu'aux fenêstres ;
> Les autres sont entrez en cloistres
> De Célestins et de Chartreux,
> Botté, houséz, comm'pescheurs d'oystres,
> Voylà l'éstat divers d'entre eulx.

Ce que Lemercier de Neuville a traduit librement en langage du second empire :

> On ne sait pas ce qu'ils deviennent :
> Les uns ça va-t-à Cayenne,
> Et les autres ça s'fait curé.
>   Oh ! y en a, y en a !
> Que c'est d'la fameuse canaille,
>   Oh ! y en a, y en a !
> Que c'est de vrais loufias.

. . . .

Et combien sont partis pour toujours, combien, hélas! sont tombés en plein été, fauchés par la mort, atteints par la folie!... combien de ces enfants, par la lutte vieillis, ivres de liberté et d'enthousiasme, mais sentant leur jeunesse condamnée d'avance, fatigués, las, épuisés d'efforts inutiles, sont allés au-devant de cette mort!...

Quelle malédiction pesait donc sur cette génération !... N'avaient-ils donc contre eux, tous ces désespérés, que les lieux communs et les banalités que leur lançaient à la tête MM. Castille, Audebrand et Sarcey, hommes de conviction et prêts, comme on sait, à tout sacrifier... pour arriver à « une position meilleure? » Non, il faut aller plus haut pour trouver la vraie raison — la raison historique et fatale — de ces morts précoces; l'un de ces insoumis, Vallès, l'a dit : Nous sommes la génération la plus maltraitée de l'histoire; en 1850, nous sortions du collège, et en 1851 nous étions déjà des vaincus. Le 2 décembre! toute une race en eut le cerveau troublé; écrivains, artistes et poètes : Avez-vous compté combien Charenton en a pris? Savez-vous combien le Père-Lachaise en tient, Et,

Je vis, comme l'on voit dans les danses macabres,
Une procession, à travers un brouillard,
Défiler par-devant le fantôme camard.

. . . .

Plus de quatre-vingts que j'avais connus à cette même Brasserie des Martyrs (la bien nommée), plus de quatre-vingts défilèrent devant moi (*mortes meorum*), et je pensai à les saluer chacun de quelques lignes.

LA FOSSE COMMUNE

HENRY MURGER

. . . .

Nous ne t'oublierons pas, sans doute,
    Au coin du feu,
A l'heure vague, où l'on écoute,
    Dormant un peu,
Tout en caressant les chimères
    De l'avenir,
Les voix douces, les voix amères
    Du souvenir ;
Voix vengeresses qui, chacune,
    Et tour à tour,
Viennent vous conter leur rancune
    Ou leur amour ;
A l'heure sombre où l'on s'ennuie,
    Songeant aux maux
Qui frappent l'homme et que la pluie
    Fouette aux carreaux,
Nous reverrons son fin sourire,
    Qui triste et doux
Quoique moqueur semblait nous dire :
    « Rien n'est à nous
» Chantons, chantons humbles cigales,
    » Les froids venus,
» Nous tremblons, sous les rafales,
    » Maigres et nus ;
» Chercheurs d'amour, chercheurs de gloire
    » Et de Mimis
» Notre chanson est illusoire
    » Pour les fourmis ! »

— Et fredonnant tout bas MUSETTE,
    Chef-d'œuvre amer,
Nous dirons, en hochant la tête :
    « Pauvre Murger ! »

Amédée Rolland

JEAN DU BOYS

En ce temps-là — vers 1855 — Jean du Boys n'était pas encore bien fixé sur le nom qu'il voulait laisser à la postérité. Il arrivait d'Angoulême — comme Albéric Second ou Lucien de Rubenpré — et signait tantôt Octave Ferry, tantôt A, ou Anatole Duboys, ce qui ne se ressemblait pas; un beau jour, cela fit Jean du Boys !.... Va donc pour Jean du Boys.

Il habitait alors, rue Régnard, une petite chambre dans laquelle se passaient, le samedi de chaque semaine, des choses vraiment étranges. C'était d'abord une procession, dans les escaliers, de gens mal peignés et mal vêtus, sur la tête desquels on pouvait voir un échantillon de tous les genres de coiffures qu'on ne portait plus, depuis le feutre mou jusqu'au fez rouge à gland bleu.

Une fois introduits chez du Boys, qui dormait encore — il n'était que deux heures et demie de l'après-midi — ces gens-là nommaient un président qui s'asseyait sur la cheminée, et, tirant des petits papiers de leurs poches, s'amusaient à se lire des pièces de vers... qu'ils se recevaient et qu'ils se publiaient (hélas ! bien à eux-mêmes !) dans une revue intitulée : *Jean qui pleure et Jean qui rit*, TRIBUNE DES POËTES, dont Barrillot était le directeur, et Jean du Boys (sous le nom d'Octave Ferry) le secrétaire. « Groupe vaillant et charmant groupe, que je vois de loin, disait Victor Hugo; car il a le privilége des lumières : on l'aperçoit dans la nuit. » Et il lui envoyait tous les encouragements de sa pensée et de son cœur. Barrillot agitait en l'air cette fameuse lettre qui venait d'arriver d'Hauteville-House, et on lui criait : « Lis-là encore une fois ! encore une fois ! » Et, debout, sur la table, ce petit homme horriblement grêlé lisait « ... Vous avez élevé la *Tribune des Poëtes* quand la *Tribune des Orateurs* est tombée ; c'est bien ! Vous êtes éloquents, doux et forts ; vous savez mêler quelquefois un éclair à toutes vos grâces et à tous vos sourires de jeunesse et d'inspiration. Continuez, vous dis-je. La grande lutte des idées a besoin de combattants tels que vous..... » L'enthousiasme qu'excitait cette lecture était indescriptible ; on criait, on riait, on se serrait les mains..... Et pendant ce temps-là, seuls, quelques-uns de ceux qui devaient trahir, comme Amédée Hardy, Desdemaines, Aimé Giron — ils écrivirent plus tard aux côtés de M. Hugelmann — jouaient au bouchon sur la terrasse.

Puis, Pouyadou arrivait ; il tenait à la main la *Revue de Paris*, dans laquelle Maxime Ducamp nous souhaitait la bienvenue : « Le hasard, disait-il, a favorisé ces jeunes gens et les a dotés de noms que la gloire remarquera, si on les lui fait lire. » Et, parmi ces noms, moi, je remarque celui de Charles

Gille, l'auteur du *Bataillon de la Moselle*, qui de lassitude, un jour se pendit; celui de Brocard de Meuvy, douce et timide nature, qui mourut à l'hôpital de la Charité, emprisonné dans une camisole de force; celui de Fernand Belligera (l'éditeur Tandou), qu'on trouva, dans son salon, accroché à la place du lustre; celui de... Mais revenons à Jean du Boys. Il a fini par se lever et s'habiller au milieu de ce tapage et de ce désordre (il avait du reste beaucoup de Gustave Planche dans sa manière de se débarbouiller); il grimpe sur une chaise, essaye de dominer le tumulte, et récite son *Dialogue à travers les tombes:*

>Ils m'ont comme Jésus sur la croix attaché;
>Pour garder mon sépulcre, ils ont mis des soldats;
>Mais l'œuvre se poursuit, à tous les yeux cachée,
>Le tombeau qui me tient ne me gardera pas.

Puis, c'est Ernest Chatonet qui lit un sonnet, pendant que Belligera cherche dans toutes ses poches ce qu'il a pu faire de ses *Ressouvenirs d'alors*.

C'est à cette époque que du Boys fit la connaissance d'Amédée Rolland. Celui-ci traînait derrière lui une quantité incroyable de sujets de pièces en cinq actes et en vers, pièces qui ne demandaient plus, selon lui, qu'un peu de façon, mais dont, en réalité, le titre seul existait; aussi le jour où il fit la rencontre de du Boys fut un jour heureux.

Après avoir passé la soirée à causer de je ne sais quel fœtus de pièce, Jean du Boys disparaissait discrètement, rentrait chez lui et le lendemain apportait à Rolland, dont l'imagination peu créative n'en revenait pas, tout un premier acte de cinq ou six cents vers. Rolland se mettait alors dans l'œil gauche un gros monocle qui lui faisait faire la plus horrible grimace, et tranchant, coupant, émondant, bouchant des trous, ajustant une pièce, tirant un peu sur un vers pour l'allonger, faisait tant et si bien qu'il ne restait guère debout qu'une centaine de vers..... ce qui était encore très-joli! Le *Marchand malgré lui* est assurément la meilleure chose que produisit cette collaboration, dans laquelle du Boys apportait une certaine finesse d'esprit et son étonnante facilité à faire le vers..... Il donna encore avec Rolland le *Mariage de Vadé*, puis *Cadet-Rousselle*, un drame en prose, dont l'idée appartenait à peu près en entier à Charles Bataille.

C'est alors qu'il résigna ses fonctions de régisseur du petit théâtre des Marionnettes (un théâtre en chambre), l'*Erotikon theatron* d'Amédée Rolland, dont le directeur était Lemercier de Neuville, le décorateur Darjou, le sculpteur Demarsy et le chef d'orchestre Bizet, et dont lui, du Boys, avait rimé gentiment le prologue, pour se retirer sous sa tente et travailler à une pièce en quatre actes et en vers, que le Théâtre-Français donna en septembre 1864 ; cela s'appelait la *Volonté*. « C'était, disait Bataille, une œuvre énergique, harmonieuse, fortifiante; un réquisitoire plein de chaleur et de jet contre la maladie qui nous ronge et nous envahit : l'indolence... » C'était peut-être cela que Jean du Boys avait eu l'intention de faire; mais, malheureusement, ce n'était pas ce qu'il fit, et les gens qui n'appartenaient point à la petite église que Rolland avait fondée à Batignolles, au fond d'un jardin, ne se génèrent pas pour trouver que ladite pièce, montée sur des idées plates et vulgaires, n'était autre que la glorification de la médiocrité cupide et tenace. Apprendre l'anglais et l'allemand pour les besoins de son commerce, de petit employé devenir caissier, de caissier gendre de la maison, et finalement remplacer son beau-père, semble avoir paru à du Boys être le prodige de la volonté... bref, du Boys, un peu découragé, se jeta dans le roman d'aventures. Il avait publié déjà sous ces titres : la *Jeunesse amoureuse*, les *Mariages de province*, une série de nouvelles d'un ton doux et gris... — la troisième eau du thé de Murger. Cette fois, il aborda résolument le genre dans lequel M. Ponson du Terrail a brillé d'un si vif éclat ; et ce ne fut pas sans une certaine tristesse, en pensant aux promesses du passé, que je lus à la quatrième page d'un journal cette annonce :

« C'est dans le numéro de la PETITE PRESSE daté du 27 avril 1863 que commencera

L'HOMME AUX QUATRE FEMMES
OU
LE BARBE-BLEUE DE 1820

grand drame judiciaire, rédigé par JEAN DU BOYS, auteur du célèbre roman la *Comtesse de Monte-Christo*. — Quoi de plus émotionnant, de plus inouï que ce procès *complètement inédit*, dont le héros, type de séduction diabolique, inventait pour ses victimes de nouveaux genres de mort, et les faisait périr dans les éclats de rire convulsif que provoque le contact des ongles sur la plante des pieds. »

C'était bien la peine d'être né poëte et d'avoir du talent!

Sa dernière pièce fut la *Comédie de l'Amour*, jouée à l'Odéon au mois de janvier 1869; mais Jean du Boys, quoique jeune (il n'avait pas quarante ans), était marqué pour la mort. Son cerveau surmené était atteint, et quand, hier, il est parti pour le grand voyage, les poches pleines de travaux inachevés (la *Comédie italienne*, trois actes en vers; *Barnave*, cinq actes en prose;) il y avait déjà trois ans qu'il se survivait.

AMÉDÉE ROLLAND

Pauvre Rolland ! Il est mort à 39 ans, atteint au cœur et à la poitrine. « Raymond de Breilh a veillé le mourant jusqu'à son heure dernière ; il l'a vu mourir. Rolland sentait bien qu'il n'en reviendrait pas. Ces derniers jours il avait composé une *Chanson à la mort* qu'il n'eut pas le temps d'écrire. Dimanche matin (26 juillet 1868), il dit qu'il ne passerait pas la nuit et parla d'adieux. Son intelligence s'en allait ; il perdait ses forces, il essaya de dicter quelques vers à son jeune frère.

Mais il ne put continuer. A onze heures il embrassa sa mère avec une ardeur étrange, puis il dit qu'il se sentait mieux et voulut qu'on allâ déjeuner ; il devinait la mort et ne voulait pas désespérer les siens par son agonie. On se retira ; mais, pris d'un pressentiment, M. Raymond revint ; on le suivit. Le mourant voulut parler, mais un hoquet le prit qui continua dix minutes ; la respiration devint embarrassée ; ses yeux, qui s'étaient fermés, se rouvrirent, il se débattit un instant et s'affaissa. C'est ainsi qu'il mourut. »

Oui, et Rolland s'en alla seul au cimetière d'Auteuil! Je dis seul... Ils étaient à peine douze autour de son cercueil, Pothey, Carjat, du Boys... les plus vieux, mais aussi les plus fidèles et les plus aimants, mais les autres ?... ceux qui avaient vécu chez lui, alors qu'il tenait table ouverte rue de Navarin et à Batignolles. Où étaient-ils donc, ces braves amis de fricassée et de nappe mise? — Ce qui faisait dire mélancoliquement à Gustave Aymard, revenant de l'enterrement : « C'est égal, aux dîners de Rolland, c'était moins triste et on était plus que cela. »

Pauvre Amédée ! Je prends au hasard dans un paquet de vieilles lettres et je tombe sur ce billet, qui a un petit parfum bohême tout particulier :

« *Carissime,*

» Inutile de te raconter mes aventures. — Bataille a dû te les narrer.. Je t'envoie des permis pour venir me voir. Monselet m'en a demandé un, tu le lui remettras chez Dinochau.

« Il faut aller faire viser cela à la préfecture par M. Roux-Dufort; pour moins attendre, y aller vers dix heures. Je t'en dirai plus en te voyant.

» *Tibi,*

» A. ROLLAND. »

» Une seule recommandation : N'apporte avec toi aucune liqueur quand tu viendras. — Préviens-en les amis. »

On venait de le mettre à Clichy, et le *post-scriptum* avait bien son utilité ; du Boys s'était fait pincer avec une bouteille de liqueur dans sa poche et avait été flanqué à la porte avec les honneurs dus à ses excellentes intentions.

En ce temps-là, Rolland avait publié *Matutina*, un petit volume que personne ne possède (avons-nous assez ri souvent en relisant ces vers de collégien!) et *Au fond du verre*, un volume de gourmet, celui-là, et que tous les lettrés connaissent. Mais que de choses dans les tiroirs et je vois encore le fameux secrétaire de la petite chambre de la cité Véron; il y avait des drames en 7 actes et 22 tableaux, des comédies en 5 actes et en vers, des féeries, des romans, des *Panurge*, des *Roi d'Yvetot*, des *Villon*, des *Cadet-Rousselle*... dans les tiroirs, dans les casiers, dans les doubles-fonds, il y en avait partout... et le soir, assis au coin du feu, il me lisait des vers de sa fameuse *Danse macabre*!

Et moi, dans une brochurette, je m'écriais : « Amédée Rolland! prestance majestueuse, physionomie léonine, franche, ouverte, à appétits pantagruéliques, rondeur et noblesse dans le geste... un poète avec tout cela. Et... »

Quinze ans après, deux mois avant de mourir, dans une chambre froide et triste de la rue Lafayette, Rolland, pâle, amaigri, cassé, toussant et râlant à fendre l'âme, écrivait d'une main que faisait trembler la fièvre, écrivait sur son dernier livre et son meilleur, *le Poème de la Mort* (la *Danse macabre* d'il y avait quinze ans) ces mots : *A mon vieux camarade et ami Firmin Maillard*...

Et pendant ces quinze années-là, il y avait eu *le Marchand malgré lui*, *l'Usurier de Village*, *les Vacances du Docteur*, *le Mariage de Vadé*, *le*

Parvenu, et aussi *les Flibustiers de la Sonore, Cadet-Rousselle, les Chanteurs ambulants, les Trois rivales*, etc..., des succès et des chutes, des moments de joie et d'enivrement, mais aussi de cruelles déceptions. Les amis lui avaient été durs aux jours sombres, ils ne lui pardonnaient pas certaines bonnes fortunes de réception. L'un d'eux disait : « Les directeurs de théâtre ont de la méfiance. Ils ont essayé dans la personne de M. Rolland ou de M. du Boys, les auteurs nouveaux. Les tentatives ont été malheureuses, les individualités qui luttent dans l'ombre reçoivent le contre-coup de toutes ces chutes. »

Rolland s'affectait de tout cela, et las, découragé, il écrivait :

> Demi-vaincu, demi-lassé,
> Quand j'interroge le passé,
> Dodelinant du chef, je songe
> Que j'ai failli sur plus d'un point ;
> Mais sur la vie on ne peut point
>   Passer l'éponge !
>
> *Eheu, posthume !* Que veux-tu ?
> Nécessité devient vertu,
> C'est la dicteuse de programmes :
> Plus d'un esprit fier s'y soumet ;
> On rêve une œuvre et l'on commet
>   Des mélodrames !
>
> J'en ai fait, paraît-il, plus d'un
> Peu fortuné de sens commun,
> Écrit en prose bien compacte,
> Avec poison..... *et cætera*,
> A l'usage du scélérat
>   Au cinquième acte !

> Je ne m'étais rien refusé,
> Rien ! Pas même le pont usé
> Qui depuis si longtemps résiste.
> Le pont du torrent a ployé ;
> C'est l'auteur seul qui s'est noyé.
> — Juste, mais triste.

Et comme s'il avait senti passer sur son front le souffle glacé de l'Inexorable, il s'écriait :

> Mais la Mort, — Justice et raison, —
> N'abat dans leur mâle saison,
> Du coup de vent de sa grande aile,
> Que ceux-là dont le mot est dit ;
> A qui lutte elle fait crédit :
> C'est l'immortelle !

Profitant de ce crédit, il fit ce beau livre, *le Poème de la Mort :*

> J'ai recherché la vérité ;
> Le meilleur de ma volonté
> Je l'ai condensé dans ce livre ;
> Quoique lui garde le Destin,
> Je l'accepte d'un cœur hautain :
> Lutter, c'est vivre !

Mais le crédit était à courte échéance, et à peine le volume était-il achevé que la sombre Muse au nez camard qui l'avait inspiré entraîna le poète dans la nuit profonde.

CHARLES BATAILLE

Ils furent trop longtemps unis dans la vie, Rolland et lui, pour que nous les séparions ici, bien que, sur la fin, ils fussent devenus presque indifférents l'un à l'autre...

La dernière fois que je le vis, j'étais justement avec Rolland, qui toussait, toussait.... Bataille, lui, rose et frais, le sourire aux lèvres... mais ce sourire vague et niais d'où la pensée est absente — l'âme voyageait déjà dans les pays inconnus — errait sur le boulevard.

— Tiens, Bataille! dis-je à Rolland.

Mais celui-ci, tout en me serrant vivement le bras, se contenta de répondre :

— Passons!

Je n'insistai pas et parlai d'autre chose.

Et cependant, celui-ci devait partir encore avant celui-là.

. . . .

Mais celui-là! quel esprit vif, ardent, original! Quel cœur bon et grand, quelle nature franche, généreuse, toute en dehors! Il avait jusqu'à la frénésie l'horreur du commun, le mépris du bourgeois pansu, bouffi, ridicule et exécrable.

— Il me faut, disait-il, des hommes qui vivent, qui pleurent, qui sentent; il me faut les nerfs, le cœur et la mobilité passionnée. Je sais que les nerfs font mal, que le cœur a ses éclipses morbides, et que la mobilité n'est point de l'action au point de vue des civilisations; je sais toutes ces raisons et bien d'autres; malgré quoi, je m'intéresse aux natures exceptionnelles et plantureusement éprises, qui poursuivent, à travers notre vie de *prime* et de *report,* l'idéal insaisissable et fugace. Je ne suis pas de ceux que *Don Quichotte* fait rire, et je n'imagine pas que Cervantès ait été d'une hilarité folle en méditant cette douloureuse ironie. — Les don Quichottes du dix-neuvième siècle — et qui de nous n'a pas ses moulins à vent à combattre? — me sont fraternels et sympathiques...

Fou! fou! fou! Paul Dyas!

Il aimait à signer de ce nom des pages intimes d'où jaillissait un sentiment vif et enthousiaste.

L'exubérance de ses instincts vagabonds l'entraînait loin de la monotonie d'une vie calme et laborieuse; il lui fallait les joies enfiévrées de la vie extra-libre... « Tous ceux, disait-il, qui ont trempé les lèvres à la coupe des insatiabilités artistiques, meurent d'asphyxie aussitôt qu'ils ont respiré la première gorgée de l'atmosphère dense de la vie bourgeoise. »

Et Paul Dyas préféra mourir fou, fou, fou!

O frères inconnus, dispersés dans le monde,
Vous qu'une larme arrête et qu'un rayon féconde,
Trouvères, bohémiens, rêveurs — faibles et forts,
Si vous vouliez pourtant concentrer vos efforts,
Vous donneriez au monde un tel choc des épaules,
Qu'on sentirait longtemps tressaillir les deux pôles,
Et que, de siècle en siècle, on parlerait de vous,
De vous les insensés, les cerveaux creux — les fous !
. . . .
. . . . — Au lieu
De chercher des follets dans les lueurs du feu,
Ou de suivre un nuage errant, de la fenêtre,
Vous pourriez activer des phrases de salpêtre
Et cracher aux rieurs un si vaste dédain,
Qu'il en rejaillirait sur tout le genre humain.

Fou ! fou ! fou ! Paul Dyas !

Et un jour arriva où l'abeille qu'il avait dans son bonnet, comme disent les Américains, s'envola, et avec elle ses fougues, ses impatiences, ses ambitions, ses rêves, sa volonté, son courage, son tempérament d'écrivain, son talent... tout ce qui, jusque-là, en avait fait un être sentant et pensant. Ce fut d'abord une folie douce, pleine de projets insensés ; il rêvait la fortune, et ce n'était plus *à la coupe des insatiabilités artistiques* qu'il voulait tremper ses lèvres.

Je ne sais rien de plus triste que cette lettre, qu'il écrivait au rédacteur en chef du *Figaro* — un an avant de mourir :

« 29 novembre, 1, rue Chateaubriand.

» Cher maître,

» Voulez-vous tenter une réimpression d'*Antoine Quérard* dans votre *Figaro ?* J'ai tout lieu de croire, en jugeant d'après le succès de la première publication, que ce serait une bonne affaire. On condenserait les deux *avortements* en un seul.

» Qu'en pensez-vous ?

» J'aurai toujours une douzaine de correspondants en Abyssinie, photographes et rédacteurs. On nous enverra une foule d'objets indiens par les cipayes égyptiens et éthiopiens, et nulle épargne sur l'établissement des embaumeurs de la télégraphie et de la vapeur.

» Tout mon monde s'embarque le 15 janvier. On attend l'armée anglaise en mars. Même correspondance pour la Chine — gratis.

» A vous, » CH. BATAILLE. »

Puis sa folie prit un autre caractère ; il devint agressif, méchant, essaya de brûler vif son pauvre petit garçon qu'il chérissait tant, lui Bataille, si bon, si aimant, et on dut l'enfermer dans une maison de la rue Picpus.

> Joyeux enfants de la Bohême,
> Rions du sort et de ses coups !
> La société qui nous aime,
> Nous garde pour l'heure suprême,
> Quand même,
> A tous,
> Un lit à l'hôpital des fous !

avait-il dit dix-huit ans auparavant, dans son premier volume de vers.

Il n'y resta pas longtemps ; le vendredi 11 décembre 1868, à onze heures et demie, une vingtaine d'amis, une vingtaine... pas plus, et cependant, comme le faisait remarquer je ne sais quel *reporter*, Bataille avait coudoyé toute la littérature et tout l'art contemporain..., l'accompagna au cimetière... Carjat prononça sur sa tombe quelques paroles émues.

Bah ! la vie parisienne est si tyrannique — et l'hospice de Picpus est si loin ! ajoutait philosophiquement ce *reporter* endurci.

Aucun membre de la famille de Bataille n'assistait à son enterrement, et, cependant, c'était Bataille qui, dix ans auparavant, n'ayant pu assister aux obsèques de sa grand'mère, écrivait à Mme Didier-Nantier, laquelle l'avait fait condamner à un mois de Sainte-Pélagie pour quelques lignes étourdies publiées dans le *Rabelais :* « Et voilà comme quoi, madame, une vieille femme est morte, et repose là, dans l'aile gauche du cimetière, sans avoir embrassé tous ses enfants et petits-enfants à son lit de mort. »

De quel droit jugez-vous ces sublimes vauriens ?
Race sans foi ni cœur de niais et d'eunuques,
Vous n'avez pas senti sous vos froides perruques,
Ce besoin de chercher corrosif et puissant,
Qui nous mord la poitrine et met la fibre en sang.
Quand le soleil de juin fait fleurir les verveines,
Vous n'avez pas senti plus fougueuses en vos veines
La sève du printemps se tordre et s'élancer
Vers l'immense horizon dont l'azur fait penser.

Est-ce que vous savez si les femmes sont belles,
Pourquoi l'étoile luit et l'insecte a des ailes ?

Et quand la nuit s'éveille avec ses bruits divers
A ce frissonnement des grands peupliers verts,
A ce lai triste et doux de la brise qui pleure,
Rêvez-vous quelquefois d'existence meilleure ?

Il faut pour cela :

Des cœurs moins rétrécis et plus intelligents
Que ceux que vous avez au ventre, — pauvres gens !

Fou ! fou ! fou ! Paul Dyas !

ALCIDE MORIN

Oui, Morin le savant, Morin le magnétiseur, Morin le poète, Morin le sorcier : Alcide Morin, professeur de psychologie expérimentale! Il avait de l'esprit, de la verve, du savoir et avec tout cela une bonne petite dose de folie dont se contenterait grandement pour certains de ses pensionnaires douteux et intermittents, le directeur de Charenton. Mais Morin portait le tout crânement et ne s'oubliait réellement que contre les porteurs de science officielle.

— C'est un âne, s'écriait Morin, c'est un âne! (il parlait de M. Leverrier ou d'un autre), il croit à toutes les vieilles fadaises... n'a-t-il pas sauté en l'air quand je lui ai exposé ma théorie sur la réverbération, quand je lui ai prouvé là, clair comme le jour, que le soleil n'existait pas... et Morin partait pour la lune!

Mais où Morin devenait dangereux, c'était dans la rue, — ou sous une porte-cochère, pendant la pluie, — ou même au milieu du passage Jouffroy, (j'y fus pris un jour!); Morin vous saisissait par le bras, sortait de sa poche un morceau de craie qui, traîtreusement, y était à demeure, et, tout en s'accrochant à vous, d'une main habile, traçait un cercle qu'il faisait traverser par différentes lignes, — on y lisait entre-croisés d'une façon bizarre les mots Mouvement, Vérité, Vibration, Inertie — puis s'écriait :

— Vous avez bien compris ; je suis médecin, j'écris une ordonnance :

Dans l'Unité	Les Différences
sont	*qui font*
--- ∞ ---	
Les quantités	La qualité
dont sortent	*qui rentre*

Tout est là. — Le caractère de la vérité est de ne s'imposer à personne, j'offre et je ne demande pas.

Et il s'éloignait triomphant au milieu de la foule ébahie.

Une autre fois : — Ah ! dites donc, vous qui devinez les énigmes devinez donc celle-ci :

Quoi de plus merveilleux que la Raison !
Quoi de plus rationnel que le Merveilleux !
Au sein d'une Création
Qui n'est que Merveilles et Raisons.

8.

Et vous étiez perdu..... mais là, perdu pour une heure ou deux, si le hasard ne jetait pas sur votre route quelque ami à qui vous pussiez le repasser poliment.

Travailleur infatigable, il était toujours en train d'achever un volume ou de lancer un nouveau journal : *la Magie au dix-neuvième siècle*, par exemple, *revue paraissant aux nouvelles lunes*. Il faisait appel aux abonnés : cinq cents personnes, s'écriait-il, doivent avoir répondu avant quinze jours à mon appel par une adhésion *active*, c'est-à-dire par une souscription que j'ai mise à la portée de toutes les bourses, sinon — *c'est que le temps n'est pas encore venu, et je refermerai mon livre.*

Un jour Morin se mit en tête de publier un volume de vers : — je n'y connais rien, mais j'ai la foi et la volonté... Nous verrons bien, disait-il ; et ce qu'il y eut de curieux, c'est que beaucoup de poètes de notre temps pourraient signer sans rougir nombre de pièces dans lesquelles Morin se révéla comme un poète rompu à tous les exercices du rhythme. Mais, laissant de côté ses livres de *Révélations, le Buisson ardent*, sa *Synthèse prophétique du dix-neuvième siècle*, ses *Ténèbres* et ses *Treize Nuits suivies d'un demi jour sur l'hypnotisme*, nous recommanderons aux curieux son petit livre intitulé : *Comment l'esprit vient aux tables, par un homme qui n'a pas perdu l'esprit*, et publié vers 1854 sans nom d'auteur. C'est un livre des plus curieux et des plus intéressants.

J'ai soif de foi et de science, disait Morin ; — je

pars en *enfant perdu*, guidé par ma foi, à la recherche de cette source éternelle, où pour voir se dissiper les fantômes et *revivre*, l'humanité doit venir boire.

Hélas ! malheureux Morin ! il ne trouva pas cette source éternelle ; quand je le vis pour la dernière fois, il avait trouvé... quoi ? — le mouvement perpétuel ! il avait les yeux hagards, la bouche ouverte laissait pendre les lèvres ; on sentait que l'homme était parti et qu'il ne restait plus que la bête ; il m'accompagna quelques instants en mâchonnant entre ses dents : c'est une superbe affaire, je viens de chez les Péreire, Émile m'a donné rendez-vous pour demain... C'est bien curieux comme j'ai trouvé cela... je ne puis pas te l'expliquer maintenant à cause de l'affaire... mais toi aussi, tu l'as trouvé, tout le monde l'a trouvé... Oh ! c'est bizarre... je ne veux pas le lâcher à moins de 500,000 francs — donnant, donnant, je ne veux pas être volé et tu penses, c'est pour rien ; moi, je vais retourner à mes travaux... Eux, ils l'exploiteront dam ! cela va changer le monde.....

Et la bouche restait béante, et les yeux, démesurément ouverts, regardaient dans le vide.

ALEXANDRE LECLERC

I

— Avez-vous connu le *Château de la Canne?* « O le plaisant, le philosophique, le malicieux, le brillant et bruyant cabaret ! Et comme nous y rîmes maintes fois à belles gorgées, et de quelles franches lippées, assaisonnées de joie franche, nous nous régalâmes en cet aimable réduit ! » Et quelles merveilleuses, quelles plantureuses soupes aux choux nous y mangeâmes !... Ce n'était pas une soupe, c'était tout le dîner ! et de cette mirifique et gigantesque soupière sortaient à l'infini les choses les plus succulentes, les plus appétissantes, et aussi les plus salées ; la langue m'en pèle rien que d'y penser ! Mais aussi quels vins ! les meilleurs crus des environs ; des Bagneux-les-Fous, des Issy-les-Jinglard, des Suresnes-la-Raideur, des Argenteuil-la-Gadoue et des Clamart-les-Gueulards !

Puis..... la porte s'ouvrait, d'Ingreville, le patron de la case, passait la tête et disait simplement : « Il n'y a plus personne, vous pouvez y aller ! »

Et on y allait ! — On parlait des vaincus, on se racontait des histoires de 1851, on énumérait les titres de M. Louis-Napoléon à la reconnaissance nationale... puis Castagnary se levait et de sa voix de chattemite disait *le Manteau impérial* :

O vous dont le travail est joie,

— Mâtin, que c'est beau, que c'est beau ! Et la porte se refermait bruyamment. C'était d'Ingreville qui retournait à son comptoir.

Ce n'était point, vous le voyez, un vulgaire cabaret que ce *Château de la Canne,* qui avait pour enseigne ces mots : *Au rendez-vous des Artistes* et qui était couvert à l'extérieur comme à l'intérieur de dessins dus au crayon du peintre-sculpteur Alexandre Leclerc ; œuvre hardiment peinte, pleine de fantaisie et de mouvement, — et, comme disaient les peintres de l'endroit, qui pouvait faire honneur à un sculpteur ; quant au Michel-Ange de la Canne, c'était un brave et digne garçon, crépu d'une façon étrange et, de plus, particulièrement enclin à la bienveillance. Il devait éprouver, à se dévouer pour ses amis, l'âcre plaisir que ressent le pélican à saigner sous le bec égoïste de ses petits.

Un exemple entre mille.

— Qu'avez-vous ? lui demandai-je un soir qu'il prenait son café encore plus mélancoliquement que de coutume.

— J'ai embarqué ce pauvre Alfred, me dit-il (Ce pauvre Alfred était le sieur Alfred Delvau, qui se sauvait en Belgique pour échapper aux suites d'une condamnation pour délit de presse... (*l'Histoire de ce drôle de pistolet que sa femme appelait dans sa respectueuse admiration : un révolver !*) Vous savez ce que c'est... pas le sou... j'ai été à la chasse de la pièce de cinq francs, mais **je suis rentré bredouille.**

— Comment avez-vous fait ?

— Oh ! dit-il en souriant, *et ma tante !* Il ne me restait pas grand chose, mais ça y est. Cela a fait juste le compte ; seulement je suis affreusement inquiet, que va-t-il devenir là-bas ? A peine a-t-il de quoi se retourner le premier jour...

Je l'interrompis brusquement.

— Je parie que vous n'avez pas dîné, vous?

— Qu'est-ce que cela fait, fit-il en rougissant, mais lui !

Voilà comment était Alexandre Leclerc !

Je ne sais pas s'il aurait eu jamais un grand talent, mais ce que je sais bien, c'est qu'il avait un grand cœur.

Revenons au *Château de la Canne*.

« C'est un cabaret *illustré* — qui deviendra peut-être illustre, car l'avenir saura le nom d'Alexandre Leclerc, » s'écriait un des familiers de l'endroit.

Il y a douze ans de cela ! l'avenir est venu et voici ce qu'il avait en réserve pour le cabaret et pour celui qui l'avait illustré :

Ce matin, avant d'écrire ces lignes, je suis allé rue du Poteau, à Montmartre: je suis allé jusqu'au numéro 51, là où était le *Château de la Canne*. Je l'ai revu. La maisonnette est toute crevassée, vieillie, enfumée, méconnaissable ; les grands dessins noirs qui couvraient les murs extérieurs sont à demi-effacés ; l'effet est des plus mélancoliques... Sur une boutique sale et à demi-fermée on lit ces mots : BOULANGERIE, PATISSERIE.

Voilà pour le *Château de la Canne.*

Si les voisins avaient eu des figures plus engageantes, j'aurais peut-être demandé ce qu'était devenu d'Ingreville. Est-il allé rejoindre ses anciens clients Privat d'Anglemont, Fernand Desnoyers, Delvau, Duchesne, Vaudin, Pelloquet, Pierre Dupont, etc? S'il vit encore, dans quelle marmite trempe-t-il sa plantureuse soupe? D'Ingreville était un gargotier républicain, c'est-à-dire honnête... il raffolait des poésies de Victor Hugo... Qu'est-ce que tout cela, mon Dieu, a pu devenir?

Pour Alexandre Leclerc — *dont l'avenir devait savoir le nom (!)* — eh bien! le 13 août 1864, on trouvait l'auteur de *Pierrot violoneux* pendu à la grille d'un caveau du Père-Lachaise.

« C'est le 12 août qu'a eu lieu le suicide. Il avait le matin même déjeuné sous les arbres avec un ami, à Châtillon, et l'avait quitté sans que le frémissement de sa main ou le tremblement de sa voix indiquât qu'il disait un éternel adieu. Le soir, il se rendit au Père-Lachaise, et ceux qui l'y virent entrer ne l'ont pas vu sortir : il en partit le lendemain, sous un drap, pour aller reposer sur les dalles froides de la Morgue. Il s'était pendu dans la nuit à la grille d'un caveau habité par des inconnus. Il avait dû rôder longtemps entre les tombes; car, quand on découvrit son cadavre, à midi, le docteur déclara que la mort remontait à douze heures. C'est vers minuit, sans doute, que, tirant de sa poche une corde, il l'avait attachée à un gros boulon de la pique, et, se laissant aller, il avait rendu l'âme. On trouva sur lui un rasoir au tranchant tout frais et deux lettres, l'une au conservateur du cimetière, où il demandait presque pardon de l'embarras qu'il allait causer, pauvre mort! l'autre était adressée à un ami de sa famille, qui vint le soir, mais déclara ne pas le reconnaître! Toute la journée, il était resté étendu à terre, et l'on avait emprunté à l'automne ses feuilles pour lui faire un dernier lit : un gardien veillant autour empêchait qu'on ne marchât sur le cadavre. Devant la réponse faite, on procéda au lugubre transport, et le corps arriva le soir même à la Morgue.

» Il y est resté jusqu'au 16, jour où ceux qui portent son nom l'envoyèrent chercher et lui firent l'aumône d'un mètre de terre dans le cimetière où il s'était pendu. On n'était pas dix à l'enterrement.

» Personne ne fut prévenu, on escamota son cadavre, on nous vola notre ami. C'est le hasard qui nous mit sur la trace! Nous savons maintenant où il dort : et dans quelques heures nous allons lui faire ses funérailles. Pour venger sa mémoire dédaignée par ceux à qui le devoir criait de la sauvegarder, vers ce coin du monde où dort celui qui fut notre ami, nous irons, tous muets et tristes, jeter un regard ; nous laisserons tomber quelques couronnes, puis, si l'on est assez riche, on achètera une pierre sur laquelle on écrira son nom : pour qu'ils reconnaissent la tombe, ceux qui n'ont pas reconnu le cadavre. »

(Ces lignes éloquentes sont de Jules Vallès, qui lorsqu'il le veut, a l'émotion vive et pénétrante.)

En effet, quelques jours plus tard, on vendait l'atelier de Leclerc ; de nombreux amis s'y étaient donné rendez-vous, et la vente finie, tous allèrent au Père-Lachaise, où grâce à eux, un entourage et des couronnes marquent la place où repose celui qui dans sa vie, fut le bon et doux Alexandre Leclerc.

BROCARD DE MEUVY

En 1856, Brocard de Meuvy écrivait aux petits journaux : « M. Brocard de Meuvy a 25 ans, il est poète et auteur dramatique. Ses comédies dorment jusqu'à présent d'un profond sommeil dans les cartons des directeurs de théâtre et ses vers, timides comme lui, n'osent pas aller sonner à la porte des princes de la littérature... »

Il revenait de Florence où il avait fondé — je ne sais plus aujourd'hui, ni pourquoi, ni comment, — un journal intitulé le *Blason italien*, lequel était mort précipitamment, frappé, disait ingénûment Brocard, par le choléra qui lui enleva une partie de ses abonnés et mit le reste en fuite. Il s'était promptement consolé de ce petit malheur, et se faisant de cette feuille morte un antécédent littéraire, l'ex-fondateur et rédacteur en chef du *Blason italien* pensa que pour arriver au prompt et parfait écoulement de sa marchandise poétique et dramatique, il était plus simple de fonder un journal que d'aller frapper aux portes des directeurs de théâtre et des *princes de la littérature*.

Et le lendemain, Paris comptait une feuille de plus: *la Balançoire pour tous*, journal *paraissant et disparaissant à volonté.*

Ce fut pour Brocard le moment le plus heureux de sa vie. Son père, loin de blâmer ses essais littéraires, l'encourageait de toutes ses forces ; il faisait les frais du journal dont il devint du reste, sous différents noms, l'un des principaux collaborateurs (!!!)

Ah ! cette *Balançoire pour tous* ! Quels beaux rêves n'a-t-elle pas fait faire ! Quelles espérances n'a-t-elle pas mollement bercées !

Des rêves d'argent — comme les petits journaux d'aujourd'hui ! Non, fi donc ! Des rêves de gloire ! *tout simplement.* On l'eût donnée bien volontiers, cette *Balançoire*, à qui eût voulu la lire, donnée et même quelque chose avec si l'on eut osé, et je ne puis, sans sourire, me rappeler ce numéro en tête duquel on lisait : *Souscription pour les inondés : Produit de la vente du dernier numéro de la Balançoire : 20 fr.*

Vingt francs ! Deux cents numéros vendus !!! Oh ! le bon, le charitable petit mensonge !

Et maintenant qu'on avait un organe à soi, on allait pouvoir lancer ce fameux premier volume de vers, on allait pouvoir exercer sur les directeurs de théâtre une honnête et salutaire pression jusqu'à ce qu'ils vinssent demander pardon de leurs iniquités et se repentir d'avoir rendu des manuscrits sans les avoir lus, car Brocard les accusait de tout, ces diables de directeurs ! Il leur tendait des pièges dans lesquels ces Messieurs s'empressaient de tomber ; il collait quelques pages de son manuscrit — on le lui rendait intact mais avec force observations ; il mettait un titre qui n'avait aucun rapport avec la pièce, et les observations faites sur la pièce n'avaient trait qu'au titre, toutes choses qui exaspéraient Brocard. Il est vrai que c'était encore pis quand le manuscrit revenait sans être accompagné de la moindre réflexion.

Mais maintenant qu'on avait un journal !... Et ce grand enfant croyait si bien à son journal, qu'il écrivait aux rédacteurs d'une autre petite feuille :

« Comme vous, j'ai un cœur qui bat pour toute chose noble et grande ; seulement, vous et moi, nous combattons dans des rangs opposés. Mon but n'est pas le vôtre ; mais je suis votre ami et toutes les fois que je vous rencontrerai dans la mêlée, je passerai mon épée dans la main gauche et je vous tendrai la droite. » A quoi, la feuille répondait : « Quel que soit le drapeau sous lequel combattront nos adversaires, nous serons toujours heureux de rendre témoignage de leur dignité... »

Et ils avaient raison de croire à leur drapeau si petit qu'il fût, et quel heureux temps que celui où on a l'âge d'écrire ces choses-là — dans les *Balançoires pour tous !*

Pauvre Brocard ! — Je voudrais être le Parny de notre époque, me disait-il un jour ; et comme je me contentais de hausser les épaules pour éviter de lui faire part des choses désagréables que m'inspirait une pareille ambition chez un jeune homme de 25 ans, — eh bien oui, continua-t-il, c'est malheureux pour moi de n'être pas de mon temps, mais je ne me sens que cette note-là... ou alors je ferai des bouffonneries, et il riait d'un gros rire bruyant qui contrastait avec son air penché et mélancolique.

De fait, il essaya des deux manières. Son petit volume *Coupe d'amour* renferme des vers d'une allure facile, légère, élégante même et qui ne sont ni plus ni moins mauvais que bien des vers de ma connaissance :

ALBIUS TIBULLUS.

Voici venir la nuit et l'heure du festin
Esclaves ! des flambeaux ! que les coupes soient prêtes !
Je vais, grâce à Bacchus, oublier mon destin,
Et l'ingrate Délie apprendra mes conquêtes.

J'entends les douces voix du bataillon mutin
Soldats d'amour, salut ! et gloire à vous, poëtes !
Esclaves ! versez-nous le falerne divin,
Et de myrte et de fleurs que l'on ceigne nos têtes !

O père des baisers et des brûlants désirs,
Parais ! fils de Vénus ! préside à nos plaisirs !
Prends ton arc, frappe au cœur ; nous aimons tes blessures.

Que la lyre à nos voix unisse ses soupirs,
Des parfums de l'onyx mouillons nos chevelures ;
Buvons, amis, le vin dénouera les ceintures !

Ce sonnet ne manque point d'une certaine grâce et je ne sais pourquoi, en le lisant, il me vient sur les lèvres le *candide Liber, ades* de l'ami d'Ovide. Rien du reste dans ce volume de bien intime ni de bien personnel, et comme le dit Brocard.

.9.

> Loin de moi, bégueules moroses,
> Esprits chagrins et biscornus !
> Je célèbre en vers demi-nus,
> Le vin, les baisers et les roses.

Quant aux bouffonneries, elles sont au gros sel et l'atticisme est leur moindre défaut. Ayant fait succéder à la *Balançoire pour tous, le Sire de Franc-Boisy,* Brocard chante ainsi ce changement de titre :

> PIPELET *assis dans un fauteuil des bureaux de la rédaction.*
>
> Voici venir l'heure des noces !
> Hymen doux hyménée ! (à son fils) allons,
> Vite mes balais et mes brosses,
> Nettoyons un brin ces salons,
> Voici venir l'heure des noces !
>
> PIPELET fils, *fumant une pipe.*
>
> J'entends, papa, le pas des rosses
> Du char d'hymen — et les fonflons,
> Comme on va se payer des bosses !
> Au devant des époux, volons !
> J'entends, papa, le pas des rosses !

Etc., etc., je renvoie pour le reste le lecteur curieux non pas à la *Balançoire*, mais au journal *le Sire de Franc-Boisy* du 5 décembre 1856.

Il dédiait aussi son portrait — *à la plus belle moitié du genre humain;* un portrait ma foi fort ressemblant, mais affublé de la façon la plus burlesque — je l'ai sous les yeux : Brocard coiffé d'un fez, drapé dans sa robe de chambre et ayant au cou un squelette qui lui pend sur la poitrine, tient de la main droite une épée de justice ; la main gauche, appuyée sur une table où s'agite un tronçon de serpent, montre au public *la Balançoire pour tous*.

Qu'est-ce que tout cela signifiait, mon Dieu ! je ne le sais plus aujourd'hui si je l'ai jamais su, et je ne pense pas que Brocard ait eu l'intention de faire monter en épingle le squelette des malheureux atteints par son épée de justice. Son épée de justice !... C'est-à-dire que la satire allait très-mal à ce caractère doux et indolent et les quelques épigrammes qu'il publia sous le titre de *Caprices et Brocards* manquent absolument... du nécessaire : de la finesse et du mordant.

Néanmoins tout cela allait, marchait, faisant le plus de bruit possible. Brocard publiait ses vaudevilles dans *la Balançoire* espérant toujours qu'un directeur allait s'écrier : mais c'est déplorable de perdre comme cela de pareilles pièces, donnez-les moi vite que je les joue ! Et il annonçait la prochaine publication d'un volume de nouvelles gasconnes : *Sang de feu !* un autre livre : les *Bohêmes d'aujourd'hui*, une série de biographies sous ce titre le *Blason Européen*, que sais-je encore ?...

Un jour, tout s'écroula, et Brocard, qui jusqu'alors avait joui d'une position aisée, dut songer à gagner sa vie ; il se fit chanteur et — le cœur gros — courut la province. Pauvre capitaine Rolland ! Le soir dans sa petite chambre de la rue Bréda, bien souvent il me chanta son fameux air : *Pas de beauté pareille* et j'applaudissais, — il n'en fut pas de même en province... ; des chutes successives le ramenèrent à Paris.

Quand je le revis, il demeurait à Montmartre ; — J'habite ton ancienne tonnelle, me dit-il, viens voir cela ; et je le suivis le cœur serré. En effet, on avait mis des planches contre le treillage et cela se louait ! Il avait là son lit et un grand coffre en sapin contenant deux ou trois costumes, restes de sa défroque de théâtre ; sur le coffre quelques partitions, une bougie dans une bouteille. —Voilà mon chez moi, me dit-il, j'ai là tout ce que je possède ; tu vois, il ne me reste pas grand chose... à vendre ; quand ce sera fini...

Ah ! nous étions loin de la *Balançoire pour tous !*

On lui trouva une petite place, et l'auteur de *Coupe d'amour*, revenu de ses rêves et de ses illusions, s'assit, tout désenchanté devant un des bureaux du Crédit foncier. La dernière fois que je le rencontrai, il avait repris un peu de courage depuis que sa vie matérielle était assurée et terminait ses *Bohèmes d'aujourd'hui.*

Mais le destin !...

Il fut malade quelques jours à peine et la plupart de ses amis apprirent tout à la fois sa maladie et sa mort — si bien qu'il s'en alla seul, seul comme un poète. Personne ne put, comme l'a dit Charles Monselet en quelques lignes émues, — le seul souvenir, je crois, qu'ait éveillé cette ombre — serrer une dernière fois cette pauvre main, morte à vouloir tenir une plume.

De sa nature, Brocard n'était point gai ; il avait je ne sais quoi de languissant, d'ennuyé qui jetait sur toute sa personne une sorte de ton gris dont l'uniformité ne laissait pas que d'être assez mélancolique; quand la gaîté lui venait, c'était par accès, par soubresauts, avec des éclats extravagants et hors de propos qui ne la rendaient point communicative. On sentait que la couche était mince et qu'il n'eût pas fallu aller bien avant pour rencontrer le fond de tristesse vague, sur lequel reposait toute cette gaîté d'emprunt. Il était entré dans la vie par une fausse porte et le préjugé attaché à sa naissance lui pesait lourdement; — les caresses de sa mère lui avaient aussi toujours fait défaut... et c'était — pour qui savait — la cause de toutes ses tristesses.

Comme ses confrères, Brocard, dans ses poésies, parle de sa mort et des *désiderata* qu'il nourrit pour cette époque, et, par dessus son épaule, la mort en ricanant le regardait écrire :

> Amis dans les bras de ma blonde
> Je veux, brûlant, mourir pressé,
> Je veux . . . .
> Qu'au fond d'un jardin soit ma tombe,
> Sous les grappes d'or du sarment,
> Que sur ma cendre une colombe
> Vienne becqueter son amant.

Et Brocard de Meuvy, se débattant dans une camisole de force, mourait à l'hospice de la Charité, à l'âge de 32 ans; quant à sa cendre, elle repose au cimetière Montparnasse dans le terrain consacré aux hospices :

> Qu'au fond d'un jardin soit ma tombe,
> Sous les grappes d'or du sarment. . . .

Pauvre poëte !

Et toi, mon petit *Mylord*, toi l'ami de toutes les heures, bonnes ou mauvaises, toi que ton maître aimait tant, t'oublierai-je ? Non ! mon brave petit cœur de chien, non !

Son maître mort, on le recueillit ; qui ? je ne sais trop... un concierge, je crois ! mais *Mylord* refusa de manger et deux jours après, — il était mort.

EUGÈNE POTREL

C'était un ancien élève de l'Ecole normale qui, naturellement, avait commencé par être professeur et avait fini par devenir comédien ; quand je le vis pour la première fois il revenait d'Odessa où il avait joué, disait-il, *le Misanthrope*. C'était un garçon instruit, spirituel, ayant la raillerie amère et insultante, la parole impudente, le geste insolent, le verbe haut et l'âme basse ; il avait la manie de parler claque et celle plus déplorable encore d'en recevoir.

Dieu soit loué ! je crois que je suis un poltron !
Abject, essuyant là vingt soufflets environ,
Ereinté, plus meurtri qu'une pièce sifflée....
. . . .
Je vois ce que je suis, — je n'ai rien du lion,
Cela compense bien la perte qui me fâche,
Plus de danger, de duel à courir. — Suis-je lâche !
Sauvé ! Plus de moyen qu'aucun respect humain
Me fasse en aucun temps mettre l'épée en main,
Et fier dans les tripots, et criant comme quatre
Je peux me quereller sans crainte de me battre !
C'est un si grand danger, le courage ! A présent
Je donnerai sans peur du coude à tout passant.
. . . .
Ce n'est pas un savoir qui soit petit et vain

> De connaître, en dût-on saigner comme un trappiste,
> A combien de soufflets votre sang-froid résiste !
> Quant à moi, si quelqu'un y tenait, je dirais
> Le nombre que j'en puis avaler — à vingt près.

disait *Tragaldabas!* — Eh! bien, on a de Potrel des mots à étonner *Tragaldabas* lui-même. En voici un qui peut servir de pendant à celui que nous avons cité plus haut : *et surtout, Monsieur, ne vous vantez jamais de m'avoir souffleté...* : Massenet de Marancour et Potrel passent devant chez Vachette. — Si nous déjeunions ici, dit Massenet ? — On ne peut pas y déjeuner tranquillement. — Pourquoi donc ? — Entrons, fait Potrel, puisque tu le veux, mais tu vas voir qu'il est impossible d'y déjeuner tranquillement.

Et en effet, Potrel se met à faire tant et tant de mauvaises charges à ses voisins que l'un d'eux, moins patient que les autres, se lève et le soufflette.

— Tu vois, dit Potrel, en se retournant lentement du côté de Massenet, je t'avais bien dit qu'on ne pouvait pas déjeuner ici tranquillement.

Un jour cependant, il donna quelques coups de canne à quelqu'un — lui Potrel ! et c'est alors qu'on l'entendit s'écrier orgueilleusement dans les cafés : et maintenant, on ne me giffle plus !

Il travaillait aussi — entre deux soufflets — à la confection d'un vaudeville dont la donnée était celle-ci : Un quidam, au caractère violent et emporté, estimant que la plus belle victoire est celle qu'on remporte sur soi-même, prenait l'engagement intime de se laisser giffler 29 fois sans riposter ; seulement à la trentième giffle, il rentrait en possession de lui-même et malheur alors à celui qui l'avait donnée !

Etc., etc.; il y aurait à faire tout un *Potreliana* sur cette matière !

Tout cela n'empêchait pas Potrel de travailler paisiblement à une *Histoire de Brutus*, en réponse à la *Vie de César* de Napoléon III, histoire dont il ramassait les matériaux et que Babou devait écrire. Du reste, il travaillait peu, et sans parler d'un mémoire sur l'Inde publié dans le *Moniteur* et qui le fit entrer comme employé à la mairie de Montmartre, littérairement, il ne vécut que sur deux articles l'un composé en l'honneur de Théophile Silvestre, article publié en tête du *Figaro* et qui fit dire à Monselet : Tiens, Silvestre est donc mort ! et l'autre plein de violences contre un de ses anciens amis, Jules Vallès, qui riposta vivement : « Je suis venu à Paris samedi, et j'ai glissé sur un crachat, une page de grosses injures jetées à la tête de mon meilleur ami. L'auteur est un garçon qui écrit un article tous les deux ans et reçoit une giffle tous les deux jours. Mon ami, qui a autre chose à faire, a lu l'article et laissé le papier au coin d'un bois. Mais il est question sur ce papier de saltimbanques que j'ai connus. J'autorise ce journaliste obscur, ce calotté célèbre, à dire de mon ami, de moi, tout le mal qu'il pourra, s'il peut encore en dire ! Mais je l'invite à laisser tranquilles Messieurs les phénomènes, sixdigitaires ou bicéphales. — Tu n'as pas le droit d'en parler ! — Il ne faut pas railler le doigt supplémentaire des uns quand on a accueilli si complaisamment le pied superflu des autres, et quand on aime tant les soufflets, on ferait mieux d'avoir deux têtes. »

Potrel plaça cet article dans l'endroit où il mettait ses gifles et continua à enrichir le *Nain Jaune* de nouvelles à la main dont voici un échantillon :

PILE OU FACE.

Un financier a reçu d'un jeune avocat, non pas une pile d'écus dans la main, mais une pile sur la face.

UN ESPRIT FORT ET UN CURÉ.

Moi, je ne crois que ce que je comprends.

Tu crois à l'omelette que tu manges !... explique-moi donc pourquoi le feu fait fondre le beurre et durcir les œufs.

Parlerai-je d'un livre intitulé *Vie de Notre Seigneur Jésus-Christ*, réponse à M. Renan, livre qu'il a signé bien que, m'assure-t-on, il ne l'ait point écrit ; cependant, il est amusant, quand on a connu Potrel de lire les phrases suivantes au bout desquelles se trouve son nom :

« Je ne comprends pas les saints mystères, mais je m'agenouille et je prie, et plus je crois, plus je suis fort—si bien que, quand même la religion (Dieu me garde d'un tel blasphème) ne serait qu'une conception purement humaine, je dirais encore : puisque tout est erreur, puisqu'il n'est pas donné à l'homme d'acquérir la pleine certitude, qu'il choisisse au moins, entre toutes les illusions humaines, la plus haute, la plus consolante, la plus féconde.

Si nous avions le malheur d'être incrédule, si jamais notre raison se trouvait à l'étroit dans le dogme, nous nous refugierions encore avec confiance dans le sein de l'Eglise, etc. »

Cabotin !

Il était de l'école politique de Théophile Silvestre pour lequel il avait le culte le plus profond ; il fallait l'entendre parler du grand trou qu'on fit jadis au crâne de Silvestre et qui pendant quelques années, s'ouvrait par les jours humides sans le faire souffrir !!

Potrel ne fut jamais très-malheureux ; il passa même un moment pour l'homme de lettres qui héritait le plus ; je ne sais s'il héritait de beaucoup chaque fois, mais il héritait souvent et c'est dans une de *ses* terres, à Villedieu, qu'il mourut — jeune encore, mais usé par la vie aventureuse qu'il avait menée.

Un peu avant de mourir Potrel écrivit à un de ses amis une longue lettre qu'il le pria de considérer comme son testament littéraire ; c'est un *factum* des plus violents contre certains de ses amis qui seraient bien étonnés, quoiqu'ils pensent dudit Potrel, de ce que ce particulier pensait d'eux. Potrel désirait évidemment que ce document fut publié ; cependant comme il ne le dit pas d'une façon très-nette, l'ami a profité de cela pour priver la postérité d'une pièce qui du reste n'a aucun intérêt au point de vue littéraire et ne pouvait — comme le dit l'ami en question — que *nuire à la mémoire d'Eugène Potrel.*

THÉODORE PELLOQUET

Je l'entends, je le vois comme si c'était hier; toujours debout, remuant, allant et venant, vous poursuivant pour vous lire malgré vous, en le soulignant de son rire agaçant, l'article de Chose ou de Machin sur le dernier livre du *père* Hugo, rompant brusquement la conversation qu'il a avec vous pour aller l'achever avec un autre qui n'en peut mais, et après avoir passé par *l'Elysée Montmartre* et la *Reine Blanche*, se retrouvant assis chez Brébant à 3 h. 1/2 du matin, très-occupé à prouver à la grande Mathilde, laquelle bâille à bouche que veux-tu, la supériorité artistique des races latines...

O Sainte Bohême ! celui-là était bien un des tiens.

Et quels étranges paletots ! quels chapeaux à défier toute description ! puis, sur tout cela la cravate blanche et des manchettes...

Vieux Pello ! comme nous l'appelions ! quel brave et digne cœur aussi et comme nous l'aimions tous ! Pendant quinze ans j'ai vu Pelloquet chaque jour, j'ai habité longtemps la même maison que lui et son nom éveille en moi le souvenir d'une foule d'aventures burlesques et drolatiques, mais que je ne puis me décider à raconter ici, tant pèse sur moi l'horrible fin de ce vieil ami qui valait mieux que la vie qu'il s'était faite — ou pour être plus juste, que certaines circonstances lui avaient faite.

Et ceux qui — Pelloquet mort — lui ont reproché si cruellement son imprévoyance et son inertie... savaient-ils ce qu'il y avait de dégoût, de mépris de la vie dans ce renoncement de soi-même.

Il n'avait pas toujours été ainsi..... Mais passons.

Il était secrétaire du *National* quand le coup d'état du 2 décembre le jeta sur le pavé, où il aima mieux rester que d'aller frapper à la porte de certaines feuilles où pour entrer, il lui eût fallu laisser dehors le vieil homme. *L'austère Pelloquet représentait à la Brasserie l'esprit et la distinction démocratiques...* dit Champfleury; l'austère Pelloquet!... Pelloquet n'avait rien d'austère et je ne sache pas qu'il ait jamais visé à l'austérité; quant à l'esprit et à la distinction démocratiques..... eh bien, vraiment, ne trouvez-vous pas qu'il y a là quelque chose d'ironiquement cruel à voir un de vos amis — même mort — plaisanté sur ces trois points : *l'austérité, l'esprit et la distinction démocratiques* par.. Champfleury ! Mon Dieu, oui, Pelloquet avait une grande probité politique et plutôt que de se laisser aller à ces compromissions si fréquentes de notre temps et qui lui eussent fait une vie plus facile et une mort que les honnêtes gens eussent certainement admirée, il aima mieux dire adieu à la politique et, moitié résigné, moitié rageant — car il avait des nerfs à cette époque-là — il se livra tout entier à la critique d'art. Le nombre des personnes que ces questions intéressent, croyait-il, est plus grand qu'on ne pense et il disait : « On s'en aperçoit le jour où, par un hasard inespéré, il paraît un bon livre ou un bon tableau. Alors on voit sortir, comme de dessous terre, — des individus timides, presque honteux, — qui achètent ce livre s'ils ont de l'argent, ou qui l'empruntent, — et qui vont voir le tableau.

Le premier d'entre eux qui se hasarde en ces occasions trop peu fréquentes est tout étonné de ne se point trouver seul et de voir qu'il y a encore des êtres comme lui, — qui prennent souci de l'art et des lettres. J'écris pour ces ilotes de notre société qui ne comprennent rien et ne veulent rien comprendre au cours de la rente et du Grand-Central. Je m'intéresse à eux plus qu'à d'autres, j'en conviens, parce que j'aime ce qu'ils aiment, et que je ne me saurais passionner pour ce qui les trouve indifférents. A mon avis, au reste, ils forment une nation dans la nation et il faut compter avec eux. Ils représentent ce qu'on appelait, — il y a bien longtemps — au moins cinq ou six mortelles années — l'esprit français. De l'opinion des autres, de ceux qui les dédaignent et les regardent d'un air vainqueur, je me soucie comme d'un fétu.

Ceci soit dit pour expliquer l'espèce de témérité qui me pousse à parler de l'art et des artistes en l'an de grâce 1856 (an IV du Crédit mobilier). »

Consciencieux à l'extrême, ce qui n'est pas commun, je vous assure, et de plus connaissant parfaitement les questions artistiques qu'il traitait à *L'Illustration* ou au *Siècle*—ce qui est de toute rareté, à ce que disent les peintres, Pelloquet un peu oublié, un peu délaissé, finit par s'oublier lui-même. Il avait du reste des pudeurs étranges, je dis étranges pour qui connaît les mœurs littéraires de notre époque ; quand Monselet publia dans la *Gazette de Paris* dont Pelloquet était un des collaborateurs, sa *Lorgnette littéraire*, dictionnaire des grands et petits auteurs de son temps, ce dernier demanda à n'y point figurer, trouvant peu convenable cette exhibition de soi-même dans son propre journal. — Quand le livre parut chez Malassis, Monselet oublia Pelloquet, ce qui était bien naturel.

Mais si Pelloquet ne trouva pas toujours chez ses contemporains la justice qu'il méritait, il trouva toujours chez ses amis des cœurs dévoués qui ne lui faillirent jamais.

Un jour arriva,—il avait 48 ans,—où épuisé, usé jusqu'à la corde, la langue à demi-paralysée, faisant des efforts inouïs pour prononcer ces mots : Figaro, Garibaldi et ne parvenant qu'à bégayer *Zicavo et Ga...garildi... Ga...,bradi.,* on l'envoya à Nice...... ; mais Pelloquet ne pouvait plus être sauvé. Devenu gâteux, incapable de veiller sur lui-même, ne répondant à toute question que la syllabe *oui*, mais tourmenté par un vague désir de revenir à Paris au milieu de ses amis. Pelloquet fut trouvé un jour errant dans les environs de Grasse ; arrêté comme vagabond, mis au dépôt, puis, le lendemain, ramené à Nice entre deux gendarmes, passant la nuit au poste et finalement conduit à l'hospice de Saint-Pons d'où il ne devait plus sortir.....

Telle fut la fin de Pelloquet!

Je ne connais rien de plus lamentable.

JULES VIARD

Encore un vieil ami auquel il ne m'a pas été donné de rendre les derniers devoirs ! Quelques mois avant sa mort, je l'avais rencontré pâle, amaigri, errant dans le passage Jouffroy à la recherche de je ne sais quoi ou de je ne sais qui... probablement d'un capitaliste qui put lui donner les moyens de mettre à exécution tous les projets que, fouetté par la misère, son cerveau enfantait chaque jour... un omnibus inépuisable aujourd'hui, demain la piscine-vivier qui devait enrichir tout Montmartre ! un autre jour, une organisation du travail intellectuel ; l'établissement d'une banque européenne de la librairie ; — la fondation du crédit intellectuel...

Ce fut la dernière fois que je le vis ; j'étais en voyage quand, ouvrant *le Figaro*, je lus ces lignes signées de *Villemessant* : « J'ai reçu ce matin 3 mars (1865) une lettre d'un négociant, qui m'annonçait que Jules Viard, un de mes anciens collaborateurs, était à toute extrémité et désirait me voir avant de mourir.

. . . .

Aussi un quart d'heure après la réception de

cette lettre, entrais-je dans le domicile de celui qui fut tour à tour mon coopérateur et mon adversaire.

Il était trop tard !

Jules Viard était mort dans la nuit.

Je l'ai trouvé étendu sur un misérable grabat et tellement amaigri, tellement défiguré par la souffrance et l'agonie, qu'il était impossible de retrouver les traits connus.

Ce qui l'a tué, c'est — dit le médecin — une phthisie galopante ; c'est — disent ceux qui ont été témoins de ses dernières luttes — la désillusion, le désespoir, la misère. Il semait les idées, les autres en récoltaient les fruits. Il cherchait, il trouvait, les autres appliquaient ses découvertes. Et tandis qu'il s'épuisait en efforts incessants et stériles, la pauvreté féroce ravageait sa maison et minait sa vie.

La presse vient de perdre un de ses soldats les plus indisciplinés, mais les plus ardents, son enfant terrible. Il avait un talent réel, un esprit prompt et agressif, qu'il a mis au service d'opinions qui ne sont pas les miennes, mais qu'il n'est pas l'heure de discuter. Non, ce n'est pas l'heure, car je le vois encore allongé sur cette horrible couchette, émacié, jauni, méconnaissable... »

Voilà où vingt ans de luttes, d'efforts, de misère courageusement supportée, de déceptions patiemment subies, avaient conduit un homme d'un véritable talent, d'un esprit des plus vifs et des plus alertes, mais auquel une sorte de fatalité sembla s'attacher dès ses premiers pas. Il n'est point vrai, comme quelques-uns l'ont écrit, que Jules Viard fut abandonné de sa famille qui l'aurait vu avec regret entrer dans une carrière où il fallait courir tant d'aventures et se heurter à tant d'obstacles. Non, ce que sa mère ne lui pardonna jamais, c'est sa collaboration au *Peuple* de Proudhon, ce sont ses opinions anti-religieuses.....

Un jour — il y a bien longtemps de cela, Viard n'était pas encore marié, — il était très-malade et devant les inquiétudes croissantes du médecin, des amis crurent devoir écrire à sa mère. Celle-ci moitié croyant, moitié doutant, arriva cependant avec sa fille ; Viard avait le délire et, assis sur son lit, divaguait à tête perdue, Théodore de Banville, je crois, était près de lui ; les deux femmes s'arrêtèrent brusquement sur le seuil de la porte, et là froidement, sèchement, la mère se tourna vers sa fille et lui dit : Tu vois, toujours la même comédie... ; Et elles se retirèrent.

Il fit pendant sa vie plusieurs tentatives pour se rapprocher de sa mère qu'il aimait beaucoup, mais Dieu seul sait ce qu'il peut y avoir au fond d'un cœur qu'il occupe tout entier.... Lisez ceci, ce fut la dernière fois que ce pauvre cœur blessé essaya de croire qu'il avait encore une mère ; il lui écrivit :

> Ma chère maman,
>
> Je viens de perdre mon joli et bon petit Paul, mon enfant bien-aimé ; il avait ta belle figure et quand je le regardais, je te voyais en lui, qui te ressemblait d'une façon si frappante....
>
> J'ai compris alors, quand j'ai perdu mon cher petit, plein de vie et de santé, en trois jours, d'une cruelle maladie, quelle horrible douleur de toute la vie c'était que celle de perdre son enfant ; j'ai

songé avec angoisses et avec regrets à ton chagrin d'avoir perdu ton fils *vivant*; et comme la mort peut, hélas! nous frapper au moment où nous y pensons le moins, je ne veux pas du moins mourir sans avoir fait près de toi une démarche solennelle et décisive pour nous réconcilier de tout cœur.

Faute de nous comprendre, nous nous sommes fait bien du mal l'un à l'autre, chère mère; je le regrette, quant à moi, bien sincèrement et bien amèrement. Si tu m'avais bien compris, comme tu m'as bien aimé, j'eusse été le plus heureux des hommes et toi la plus adorée des mères.

Je viens donc à toi, spontanément, sans arrière-pensée, te demander pardon, absolument, de toute la douleur que j'ai pu te causer involontairement; je te prie de m'assurer ce pardon, comme il t'est demandé par ton fils, sans réserve, et je crois que le pauvre petit Paul, déjà si aimant, si affectueux, m'inspire cette bonne et salutaire pensée qui me pousse à t'écrire......»

Aujourd'hui, en transcrivant cette lettre, j'ai les yeux pleins de larmes, cette lettre à laquelle cette femme, je n'ose plus dire cette mère, ne répondit pas. Et, le matin du jour où il l'écrivit, Viard effroyablement pâle, les yeux gonflés par les larmes, descendait la rue Notre-Dame-de-Lorette, un paquet soigneusement enveloppé sur les bras : c'était le cadavre de son petit Paul, de son enfant bien-aimé qu'il portait chez Nadar pour le faire photographier! de cet enfant dont j'ai vu depuis le portrait, les jouets, le petit sabre, le tambour, pendus au fond du lit de ce pauvre père à qui aucune douleur humaine ne fut épargnée..... et qui, amère ironie, avait publié un livre intitulé : *Les petites joies de la vie humaine*; son livre! le livre qu'il aimait, celui qui contient son enfance littéraire, ses vingt-cinq ans, ses sourires, ses pleurs, ses douloureuses et chères expériences de la vie et ses amours...! ce livre qu'il avait rapporté, disait-il de la Bohême, où l'on aime, où l'on souffre, où l'on rêve, où l'on travaille, où l'on rit, où l'on mange si peu, où l'on a pourtant si bon appétit! de la Bohême tant calomniée.

Et moi, j'étends la main et prends dans le coin de ma bibliothèque, où sont les livres avec affectueuse dédicace, ce pauvre volume qui lui coûta tant de peines.... Je l'ouvre et je tombe sur ce passage :

Chère et sainte pauvreté, toi qui, dans ce temps-ci, es comme un brevet d'honnêteté, de travail et de dignité, sois bénie et glorifiée dans tous les cœurs, comme tu l'es dans le mien !

Le riche oisif, le cupide homme actif, qui rêve millions à gagner (comme si l'homme qui possède en ce moment plus que son pain sur la terre, pouvait se vanter d'avoir gagné ce qu'il possède!); l'ambitieux, le penseur de riens, celui que ne toucha jamais l'ardent amour du juste et de la divine beauté, te méprisent, ô pauvreté! Moi, je t'honore, je te salue et je t'aime !

Par toi, je me sens bon, meilleur que les autres, plus grand, plus homme ; et jamais je n'échangerais leurs fiévreux délires, leurs espérances insensées, leurs prospérités insolentes, leurs spéculations coupables, contre ce qu'ils appellent tes douleurs et ton ignominie; mais ce que j'appelle, moi, tes joies, tes extases, tes profondes voluptés et ta gloire éternelle !

Pauvreté, c'est le lot commun de toute la race humaine, qui par la lutte qu'elle doit soutenir contre les éléments, le besoin et la nature, s'agrandit, se purifie, se fortifie et se renouvelle sur la terre en aspirant à la réalisation du souverain bien : la tâche accomplie dans le travail, dans l'amour et dans la vertu ! Le progrès général vers le bien-être, par la solidarité de tous dans les efforts et les labeurs !

Non ! je ne profanerai pas ces joies sublimes des cœurs qui se sont voués pour toujours à ton culte, chère et sainte pauvreté, en tentant d'énumérer ici, au milieu de ces pages ironiques et frivoles, toutes les jouissances inénarrables que tu m'as données, mon amante !

Tous ceux qui t'aiment et qui t'ont aimée communieront d'ailleurs en toi, avec moi, sans que besoin soit d'exposer leur bonheur aux rires et aux quolibets des hommes d'affaires !

Chère et sainte pauvreté, toi qui dans ce temps-ci es comme un brevet d'honnêteté, de travail et de dignité, sois reine et glorifiée dans tous les cœurs, comme tu l'es dans le mien.

. . . .

Malheureux homme ! son amour était payé de retour et *son amante* — comme il dit — lui fit manger tant et tant de vache enragée qu'il en mourut... vous avez vu comment. Eh bien ! le tribunal dut condamner la mère de Viard à faire une rente alimentaire aux deux malheureuses filles qu'il laissait derrière lui, afin qu'elles ne mourussent pas de faim — comme leur père !

ALFRED DELVAU

Je lui en ai voulu longtemps, non pas de m'avoir trompé, lui, mais de m'être trompé, moi sur son compte ! L'ami qui me l'avait présenté, m'avait dit : tu vas voir un homme, celui-là ! il a souffert, c'est un vrai républicain, un pur.... Il a mangé des racines dans les fossés des fortifications plutôt que de.... et de.... Un autre s'écriait : c'est une nature sévère, franche, un peu sauvage, aimant le grand air et la liberté.... Un troisième me parlait de sa sévérité de principes, de son exagération de dignité et des ombrageuses fiertés de sa pauvreté. Quant à Duchesne, il écrivait : « Ce que les délicats recherchent et goûtent surtout en lui, c'est cette exquise urbanité de formes, cette mesure et cette politesse de langage qui sentent leur *dix-septième* siècle d'une lieue. — Delvau sait être véritablement gentilhomme, dans le sens large et humain, de ce mot trop peu compris. »

Quand ce pauvre Delvau mourut, on l'enterra avec tout cela, avec les sévérités de principes, les exagérations de dignité, les ombrageuses fiertés de sa pauvreté et aussi l'exquise urbanité de formes, la politesse de langage et tout ce qui, en lui, sentait d'une lieue son dix-septième siècle.

C'était du reste, le fonds de commerce sur lequel il vivait et que défendaient pour lui — et un peu pour eux — certaines gens peu experts en ces matières.

Quant à lui, Delvau, si vous lui parliez de la manière dont il était entré au *Rabelais*, et surtout de la façon dont Altève Morand en était sorti, de deux épithètes accolées au nom de Maurice Lachâtre (*le Rabelais*, 1857 : un petit rien, mais qui peint l'homme !), si vous lui parliez de ses différends avec Vaudin, Thiery, Simon, Godard, etc., de ses articles du *Figaro* où sous un nom d'emprunt il attaquait vivement les colonnes « vespasiennes » du *Siècle*, au bas desquelles il avait cependant déposé souvent des articles dont il avait peut-être même encore en poche quelques gros sous, si vous lui parliez de son dernier article sur Michelet où avec Duchesne — encore sous un faux nez — il défendait pieusement la religion menacée, si vous lui parliez de la façon — sans façon — avec laquelle il avait pratiqué de larges coupures dans un livre de Loredan Larchey, et surtout de la manière dont il avait défendu les dits emprunts, etc., etc., etc.; — eh bien, lui, Delvau, vous répondait immédiatement qu'il avait bien autre chose à faire qu'à s'occuper de pareilles niaiseries, qu'il était pauvre, qu'il n'avait pas de temps à perdre dans des discussions *gratuites* et que c'était bien mal de chercher à lui enlever le pain de la bouche. — Et il vous disait cela avec forces citations grecques, latines, ou encore des maximes tirées des meilleurs auteurs allemands, espagnols, anglais, etc... gens qu'il ne connaissait que très-approximativement.

Je ne sais quelle idée ce malheureux Duchesne se faisait du XVII° siècle, mais vraiment, en fait de gentilhomme, il était peu difficile. — J'arrivais à Paris et je ne demandais pas mieux que de faire commerce d'amitié avec les gens qui avaient conservé les grandes traditions du dix-septième siècle... une plus ample connaissance du gentilhomme en question me remit vite dans le chemin de la raison... de la saine raison.

Je venais de publier — le *moi* est haïssable a dit Pascal, et je suis bien de son avis, mais je raconte mes souvenirs et non pas ceux de mon voisin ; si je mettais ce voisin en mon lieu et place — ce qui serait préférable littérairement parlant — j'altérerais la sincérité de ces petits croquis qui n'ont, du reste, d'autre valeur que celle que peut leur donner la bonne foi avec laquelle ils sont écrits ; — cela dit, je reprends : je venais de publier une brochurette (1857 dont le *Figaro* avait donné de larges extraits et dame ! *je croyais que c'était arrivé*, comme nous disions alors, mais Delvau!... je l'entends encore s'écrier douloureusement : faites attention, mon cher ami — et ce disant, il souriait à l'italienne, — c'est une infâme boutique que celle-là, ils vont vous attirer dans leur caverne, prenez garde, vous êtes jeune, il ne faut qu'un instant pour vous perdre à tout jamais ; — puis s'élevant, s'élevant, il me parla de sévérité de principes, d'incorruptibilité et aussi de racines dans les fossés des fortifications...

J'étais attéré !

Heureusement, Rolland, qui plus tard devait faire des cantates et Duchesne, qui n'était pas bégueule, me consolèrent... et où je fus complètement consolé c'est lorsque Delvau quelque temps après se glissa dans la place grâce à la protection de Duchesne qui venait d'y entrer. Ce fut difficile... — on ne l'aime pas là-bas, je ne sais pourquoi, disait Duchesne, et j'aurai bien du mal à lui faire prendre pied; et j'ai bien ri, dans ma barbe, en entendant cette petite conversation — certain 31 décembre :

Duchesne à Delvau : — Tu ne peux t'en dispenser, nous (c'est-à-dire certains rédacteurs avec les employés des bureaux) offrons demain à madame de Villemessant une boîte de bonbons de chez Boissier (mes souvenirs sont tellement précis que je me souviens encore que ce fut Jean Rousseau qui acheta la boîte), c'est tant par personne et il faut que tu viennes.

Et Delvau paya et alla, et, quand le soir, je demandai à Duchesne des nouvelles de cette petite fête de famille : décidément, me dit-il, ce sera dur de le faire entrer dans la maison ; le patron m'a dit, après les premiers compliments, qu'est-ce que c'est que ce rousseau qui est là-bas ? (Delvau se tenait modestement à l'écart derrière ses principes et sa dignité) — c'est Delvau — Ah ! je n'aime pas cette tête-là, et le monarque tourna le dos à son nouveau sujet.

Mais Delvau n'était pas homme à reculer pour si peu et il pénétra dans la place tant et si bien que quand il demandait de l'argent, il le faisait si gentiment que Duchesne s'écriait : « Nous ne sommes pas fâchés que le public sache en quels vers et en quelle prose se demandent les avances au *Figaro* » et il publiait une *humble requête à Figaro* dont voici la dernière strophe :

> Je veux partir pour Bougival
> Ou pour Saint-Germain dit en Laye ;
> Je veux courir du mont au val,
> Du val au mont, comme un cipaye !...
> Mais pour vaquer en sûreté
> Dans ce pays charmant de Tendre,
> Il faut un passeport d'été
> Signé Garat — ou bien Legendre.

Et, craignant que les ombrageuses fiertés de sa pauvreté ne jetassent quelqu'obscurité sur le sujet, Delvau ajoutait en bonne et claire prose : « Le passeport dont s'agit coûte 600 fr. et j'en ai plus sérieusement besoin que je n'en ai l'air. Si vous voulez me le délivrer, je vous en serai très-reconnaissant... etc. »

Bref, cette histoire-là et une douzaine d'autres plus typiques encore et que je raconterais également — s'il le fallait — me montrèrent à quelle sorte de gentilhomme (puisque gentilhomme il y a) j'avais affaire.

Gentilhomme de la Bièvre sur les bords de laquelle il avait poussé, Delvau n'avait rien du peuple, du vrai peuple dont, à de certaines occasions, il se vantait de sortir. C'était un faubourien jaloux doublé d'un bohême orgueilleux...; il avait du talent, l'esprit parisien, une sorte de sensiblerie, de mélancolie à fleur de peau qui n'était pas sans charme, mais tout cela manquait d'une qualité essentielle, la sincérité. Il était laborieux, il avait de la mémoire et comme il avait aussi des instincts de lettré, cela lui servait à développer certaines facultés d'appropriation, d'assimilation qu'il possédait naturellement et à remplacer une instruction absente par une sorte de connaissance superficielle de toutes les littératures possibles.

Aussi avait-il la manie, comme je l'ai dit plus haut, de bourrer ses articles de phrases grecques ou latines et de citer des fragments des meilleurs contemporains russes, anglais, allemands, chinois... tout lui était bon et cela, en disant mielleusement à propos, je crois, du manque d'instruction de Murger : « ce n'est pas moi — humble et ignorant — qui fais à sa mémoire ce reproche pédantesque, ce n'est pas moi qui lui impute à crime l'insuffisance de son éducation première, son ignorance en un mot. »

Et le lendemain de la mort de Delvau, je lus encore dans quelques feuilles que c'était une nature sévère, franche, un peu sauvage, aimant le grand air, la liberté — et la franchise, cette liberté de la parole poussée jusqu'à l'excès.

La franchise !...

C'est justement ce qui a toujours manqué à Delvau dans ses livres... et autre part.

J'ai été dur pour Delvau, c'est possible !

J'ai le sentiment très-vif du juste et de l'injuste et je réserve mes tendresses pour d'autres fous (vous les trouverez dans ce livre) que les exagérations de dignité, les ombrageuses fiertés de pauvreté, les sévérités de principes ont tué réellement et que regardaient comme des imbéciles tous ces farceurs à principes qui, rougissant à huis-clos d'écrire dans certaines feuilles, ne se plongeaient pas moins voluptueusement jusqu'à mi-ventre dans leurs eaux grasses.

J. MAILFER

C'était un artiste, un vieux graveur, élève de Pollet ; la vue s'était affaiblie et le père Mailfer (nous l'appelions ainsi familièrement) vivait tout doucement, tout tranquillement d'une petite rente et descendait paisiblement le *fleuve de la vie.* Il travaillait à une grande planche de cuivre : un Christ, je crois, et qui devait être SON ŒUVRE. Nous l'aimions tous, car il était sincèrement bon et l'avait prouvé plus d'une fois ; il était doux, souriant, d'une humeur égale ; indulgent pour tous, il ne voulait cependant pas qu'on touchât au trône et à l'autel. Ah ! dame, il n'entendait pas raillerie sur ce chapitre-là : c'était une sorte de légitimiste que des relations journalières avec des républicains avaient rendu orléaniste (on était sous l'Empire).

Un jour nous ne le vîmes plus, ni le lendemain ni les jours suivants... on s'inquiéta ; mais il faisait de temps en temps un petit voyage, on attendit..., une semaine se passa, puis deux, puis trois..... Alors, quelques amis firent ouvrir sa petite chambre de la rue Véron et on trouva Mailfer pendu à une corde, les jambes repliées sous lui, car il touchait au plancher ; — à côté, une chaise renversée et une bouteille d'eau-de-vie complètement vide.

Il y avait 24 jours que Mailfer était accroché là.

C'était le 13 novembre 1860 ; il était rentré plus tôt que d'habitude, avait acheté un litre d'eau-de-vie chez l'épicier voisin, s'était déshabillé en arrivant chez lui, avait mis deux chemises propres l'une sur l'autre et passé un pantalon de coutil (on était au 13 novembre) ; puis il avait réglé ses petites affaires. Sur la note de la blanchisseuse était la petite somme qui devait lui revenir lorsqu'elle rapporterait le linge qu'elle avait à lui ; de pressantes recommandations étaient faites au concierge afin qu'il remit à l'épicier la bouteille d'eau-de-vie dont le contenu avait été payé mais dont le verre lui appartenait... etc. Ensuite, il avait écrit une lettre au crayon — après avoir eu soin d'en mettre l'adresse à la plume —; je l'ai là, sous les yeux, cette lettre ; elle est tout entière consacrée à des affaires d'intérêt, l'écriture est ferme, à la dernière ligne, dans un adieu de trois mots, la main a un peu tremblé... Puis il avait attaché par les deux bouts la corde à la porte de sa cuisine, après l'imposte, et mis la bouteille sur une chaise qu'il avait placée près de lui. Ces préparatifs achevés, Mailfer passa la tête dans cette espèce de nœud coulant, étendit le bras, prit la bouteille qu'il but avidement, et, d'un coup de pied repoussant la chaise, resta là à demi asphyxié, à demi-étranglé.

Le médecin qui coupa la corde, jeta le corps sur

un matelas qui était à terre dans la pièce voisine, et, amère ironie, le bras du pauvre vieux graveur vint s'allonger contre la fameuse planche de cuivre — SON ŒUVRE — qui se trouvait debout appuyée contre la muraille.

Quelle était donc la cause de cette tragédie ? Que s'était-il passé dans cette âme dont les passions devaient depuis longtemps être singulièrement refroidies, sinon éteintes ? Ah ! le cœur humain est plein de sombres abîmes. Tous les jours, nous coudoyons — souriants et inconscients — des drames terribles, des drames inconnus plus invraisemblables et cent fois plus vrais que les inventions saugrenues à l'aide desquelles des niais — de ma connaissance et de la vôtre — excitent et surexcitent la curiosité du vulgaire.

Chacun de nous chercha dans ses souvenirs ce qui pouvait se rattacher à ce dénouement tragique.

Mailfer était très-noctambule, nous ne pouvions jamais le décider à rentrer chez lui ; il voulait toujours aller, et toujours, et toujours. Un matin, vers une heure et demie, il me supplia de monter avec lui à la Maison d'Or.

— Que diable, voulez-vous que nous allions faire là-haut ? lui dis-je en bâillant, à deux, ça n'est pas gai.

— Eh bien ! nous fumerons un cigare en buvant du champagne et en causant philosophie.

Et comme je résistais : — Je vous en supplie, me dit-il, ne me quittez pas, c'est un service que je vous demande.

Sa voix avait quelque chose de sérieux et de triste qui me frappa, je cédai, et, comme deux heures après nous sortions de la Maison-d'Or, au petit jour, Mailfer radieux, s'écria : Ah ! voilà le jour, allons à Chatou.

J'allai me coucher, mais il se rendit à Chatou chez le père Fournaise.

Une autre fois, ayant un peu bu, Mailfer, qui parlait de Rouen, s'arrêta brusquement et s'écria : Oh quand je pense, c'est là que je l'ai rencontrée..... c'est à ce voyage-là... oh !...

Nous changeâmes de conversation et je me rappelai plus tard que ce soir-là il mit une insistance étrange à ne pas vouloir regagner Montmartre.

Je me souviens qu'un jour aussi — et il a fallu cette fin lugubre pour que je me rappelasse une causerie à laquelle je n'avais naturellement attaché aucune importance... depuis, j'y ai pensé souvent, — Mailfer, qui avait lu mon livre sur la Morgue, me questionna longuement au sujet des différents genres de suicide. Dame ! à cette époque-là, je possédais mon noyé sur le bout du doigt, l'asphyxié était pour moi sans mystère, mais, je l'avoue, je gardais toutes mes tendresses pour le pendu, et, plein de mon sujet, je lui fis une si charmante description de cette manière de voyager dans l'espace que c'était à donner envie de partir de suite par cet aimable chemin.

Il ne voulut pas encore rentrer ce soir-là.

Cet homme avait peur d'être en face de lui-même, il craignait la solitude !... Il savait qu'il se tuerait un jour... mais il reculait.

Quand nous le quittions, lui, calme, tranquille,

sain de corps — et d'esprit (nous le croyions), eh bien ! il cherchait partout des cabarets encore ouverts pour y boire de l'eau-de-vie, coup sur coup, à pleines et rapides gorgées, comme on avale une médecine, puis venait tomber ivre-mort devant chez lui. Le concierge se levait, le hissait tant bien que mal jusqu'à son logement dont il ouvrait la porte, mettait la clef en dedans, poussait... le cadavre à l'entrée de la pièce, et sortait discrètement, retirant sur lui la porte. — Mailfer lui avait enjoint de la façon la plus sévère de ne faire strictement que cela et surtout de ne pas pénétrer dans la chambre.

Un voisin l'entendit souvent aussi se promener la nuit avec agitation; il parlait haut, semblait accuser quelqu'un : le misérable ! ah ! quel malheur !... il ne sait pas le mal qu'il m'a fait... etc.

On trouva derrière le lit, sous les briques, un rasoir, un pistolet... de la poudre.

Il y avait longtemps qu'il tournait autour.

Nous ne sûmes tout cela que plus tard. Mais à l'époque, le lendemain de ces nuits terribles, nous retrouvions Mailfer, doux, calme et souriant comme d'habitude, prêt à rompre une lance en faveur de la religion menacée...

. . . .

Nous ne chercherons pas la femme, mais elle y était (n'est-elle pas partout?) et Mailfer aigri, rebuté, n'ayant pu obtenir la main de celle qu'il aimait, s'était peu à peu désintéressé de son art et déshabitué du travail; il s'était fait cette vie horrible, tranquille et douce en apparence, désespérée et épouvantable lorsqu'il se trouvait en tête à tête avec lui-même. Il avait divisé son petit capital, tant par jour; cela lui faisait quelques années et Mailfer s'était dit: si pendant ce temps, malheureusement la mort ne vient pas à moi, eh bien! le dernier jour arrivé, j'irai à elle — car il réprouvait le suicide.

La mort ne vint pas, alors Mailfer, qui était un honnête homme, partit... la veille du dernier jour.

Nous l'enveloppâmes dans un de ses draps avant de le mettre dans la bière, tel que nous l'avions trouvé au bout de la corde. — Cette corde! personne n'osa la détacher du cou et il l'emporta avec lui.

Je vois encore le bout tout tortillé grimper derrière l'oreille.

CHARLES BAUDELAIRE

Dans ce bouillonnement de médiocrités, dans ce monde épris des perfectionnements matériels qui est notre monde d'aujourd'hui, un homme a paru qui a été grand, non-seulement par sa subtilité métaphysique, par la beauté sinistre ou ravissante de ses conceptions, par la rigueur de son analyse, mais grand aussi et non moins grand comme caricature. Du sein de ce monde goulu, affamé de matérialités, il s'est élancé dans le rêve où il est resté ce que fut et ce que sera toujours le vrai poète, — une vérité habillée d'une manière bizarre, un paradoxe apparent, qui ne veut pas être coudoyé par la foule, et qui court à l'extrême orient quand le feu d'artifice se tire au couchant. Sa poésie est quelque chose de profond et de miroitant comme le rêve, de mystérieux et de parfait comme le cristal. Aucun homme n'a raconté avec plus de magie les déceptions de la vie humaine et de la nature ; — l'hallucination, laissant d'abord place au doute, bientôt convaincue et raisonneuse comme un livre ; — l'absurde, s'installant dans l'intelligence et la gouvernant avec une épouvantable logique ; —

l'hystérie, usurpant la place de la volonté, la contradiction établie entre les nerfs et l'esprit et l'homme désaccordé au point d'exprimer la douleur par le rire. Il analyse ce qu'il y a de plus fugitif, il soupèse l'impondérable et décrit, avec cette manière minutieuse et scientifique dont les effets sont terribles, tout cet imaginaire qui flotte autour de l'homme nerveux et le conduit à mal.

L'ardeur même avec laquelle il se jette dans le grotesque pour l'amour du grotesque et dans l'horrible pour l'amour de l'horrible, sert encore à vérifier la sincérité de son œuvre et l'accord de l'homme avec le poète. Il lui sera donné de conquérir l'admiration des gens qui pensent, par son amour du beau, par sa connaissance des conditions harmoniques de la beauté, par sa poésie profonde et plaintive, ouvragée néanmoins, transparente et correcte comme un bijou de cristal — par son admirable style pur et bizarre — serré comme les mailles d'une armure — complaisant et minutieux — et dont la plus légère intention sert à pousser doucement le lecteur vers un but voulu — et enfin surtout par ce génie tout spécial, par ce tempérament unique qui lui a permis de peindre et d'expliquer, d'une manière impeccable, saisissante, terrible, l'*exception dans l'ordre moral.*

A la vision du vrai qu'il avait toujours en lui — véritable infirmité dans de certaines circonstances — il joignait une délicatesse exquise de sens qu'une note fausse torturait, une finesse de goût que tout, excepté l'exacte proportion, révoltait, un amour insatiable du beau, qui avait pris la puissance d'une passion morbide ; vous ne vous étonnerez donc pas que pour un pareil homme la vie soit devenue un enfer, et qu'il ait mal fini : admirez qu'il ait pu *durer* aussi longtemps.

Un jour vint, jour fatal, où après avoir franchi les hauteurs les plus ardues de l'esthétique et plongé dans les abîmes les moins explorés de l'intellect humain, la raison fut culbutée de son trône de souveraine. Car il est défendu à l'homme sous peine de déchéance et de mort intellectuelle de déranger les conditions primordiales de son existence et de rompre l'équilibre de ses facultés avec les milieux où elles sont destinées à se mouvoir, en un mot de déranger son destin pour y substituer une fatalité d'un nouveau genre.

C'est ce que fit malheureusement Baudelaire.

Je n'ai pas voulu laisser passer ici cette figure si expressive, si originale, cette organisation exceptionnelle si intéressante pour les lettrés et les délicats — sans lui consacrer quelques lignes.

Ceux qui aiment Baudelaire et qui ont lu et relu ses ouvrages s'apercevront vite du procédé que je viens d'employer pour tracer la caractéristique d'un des hommes de lettres les plus singuliers de notre époque, bien que ses bizarreries et ses excentricités fussent plus voulues que réelles, et qui fut aussi l'un des écrivains les plus originaux de ce temps. En agissant ainsi, j'ai cru devoir une fois de plus rendre hommage à ce talent puissant et convaincu pour lequel j'ai toujours ressenti la plus vive et la plus sincère admiration.

Depuis la fin de l'année 1865, Baudelaire, atteint

de paralysie. d'aphasie, (il avait perdu la parole, il entendait, voyait, comprenait, mais ne pouvait rien répondre — *cré nom* étaient les seules syllabes que, dans son impuissance, ce poète, jadis causeur si fin et si brillant, parvenait à articuler,) traîna sa douloureuse existence — et cela en pleine possession de son intelligence si subtile, si personnelle et jusqu'à la fin, dit un de ses intimes, si consciente et si maîtresse d'elle-même.

Sa physionomie avait quelque chose d'étrange et de saisissant ; ses yeux... Mais ma foi je ne m'y risque pas. Il y a une douzaine d'années, Baudelaire, pas content, mais pas content du tout de son portrait que j'avais tracé en quelques lignes dans mon *Histoire de la Presse parisienne*, essaya de me prouver que je m'étais trompé, que j'avais pris un autre Baudelaire pour lui. « On me l'a montré une fois à moi-même, m'écrivait-il, c'était un Baudelaire fort désagréable et cette confusion n'avait rien de réjouissant pour ma vanité. Je ne suis pas aussi répugnant que le *Figaro* a essayé de le persuader... etc. »

Carjat a fait de lui une très-belle photographie.

GEORGES DETOUCHE

Dans les premiers jours de septembre 1868, mourait à l'hôpital Necker après soixante-cinq heures d'agonie un des bohêmes les plus singuliers de notre époque ; il s'appelait Georges Detouche et avait fait tous les métiers possibles... et quelques autres avec. Il avait été clerc d'avoué, pitre (à Lyon par exemple) faisant la parade du haut des tréteaux et annonçant à grand renfort de lazzis les exercices de la troupe à laquelle il avait l'honneur d'appartenir ; les mauvais jours étant arrivés, il était devenu secrétaire de Ponson du Terrail, souffleur au théâtre de Montmartre et avait travaillé pour Massenet de Marancour qui, un moment, fit confectionner certains bouquins pour certains libraires par certains gens de lettres faméliques et... peu scrupuleux.

C'était un garçon d'un esprit bizarre, donnant plus au rêve qu'à la vie réelle, et que certaines étrangetés malsaines, du reste plus voulues que réellement senties, attiraient et retenaient ; et une étude un peu serrée sur ce père de famille, car Detouche était marié et avait des enfants, nous entraînerait dans des cas de physiologie des plus curieux, mais aussi des plus difficiles à raconter à d'autres qu'à des médecins. Las, harassé, le cerveau fatigué des voyages qu'il ne cessait de lui faire faire à travers les espèces imaginaires, Detouche se prit un jour, avec une ardeur qui tourna vite à la manie, à désirer mourir ou, mieux, se réfugier pour toujours dans le rêve..... Il essaya de se tuer, il l'essaya vingt fois; un jour on le trouva pendu au bois de Boulogne, on le décrocha et on le rapporta chez son père — un huissier — qui, profitant de cette circonstance pour s'en débarrasser, le fit mettre dans une maison de fous. Plus tard, il essaya de l'Arc-de-Triomphe; mais soit qu'il craignît de tomber sur l'entablement, soit pour tout autre motif, il redescendit tranquillement et alla à Clamart. Là, étendu sur l'herbe.. il fit la connaissance d'un particulier mal mis, qui, comme lui, avait assez de l'existence; ces deux messieurs causèrent de la vie future, puis, le moment venu... le particulier hésita et laissa Detouche, qui, bien décidé à ne pas rentrer à Paris, alla, sans plus chercher, se jeter la tête la première dans un de ces puits à extraire la pierre. Pendant que les pompiers prenaient des mesures pour le tirer de là, il se détacha de la margelle une énorme pierre que Detouche, couché sur le dos et incapable de faire le moindre mouvement, eut la satisfaction de voir dégringoler et tomber... à côté de lui. Quand on le sortit du puits, on s'aperçut qu'il avait les deux jambes brisées; il fut transporté à l'hôpital Necker où on l'aurait sauvé (il serait resté infirme), si la suppuration ne s'était pas arrêtée brusquement, et Georges Detouche mourut simplement...... de la poitrine, — comme une jeune fille, disait-il en souriant. A l'hôpital, Detouche joua la comédie — *à cause des douceurs,* et il passait sa langue sur ses lèvres sensuelles, — se confessa et mourut le plus chrétiennement du monde.

Il avait rêvé beaucoup de livres, mais s'était toujours contenté de les raconter d'une façon très-spirituelle, du reste; il ne parlait que de grands travaux, d'épopées... et ne faisait que de petits articles dans de petits journaux; il produisit peu, comme ses pareils, et, sans parler de sa collaboration anonyme, je ne connais guère de lui que le *Sommeil du juste, l'Entendement philosophal, le Vin, l'Amour et le Tabac* et quelques autres articles épars çà et là. L'un d'eux m'avait frappé jadis, c'est le *Vin*; à mon avis le meilleur :

LE VIN

PERSONNAGES :

Jean, *mécanicien.* — Jacques, *chauffeur.*
(*Le théâtre représente une locomotive*).

JEAN (*très animé*). — Pousse-moi un peu par les épaules, je ne peux pas monter.
JACQUES (*le poussant*). — Tiens-toi bien, mon brave, si le chef passait nous serions mis à pied.
JEAN. — Donne-moi ce petit panier qui est là.... à terre.... à coté de toi...., là, près de tes pieds.... mais là! te dis-je.... ah ça! tu n'y vois donc plus, vieux ?
JACQUES. — Le voilà.... Qu'y a-t-il dedans ?
JEAN. — Du vin! arrive à présent.... Ah!!! que je me sens faible !
JACQUES. — Et bien! et moi donc, il me semble que je suis entre deux airs en plein air.... Chut ! parlons plus bas.

Jean. — Dis donc, est-ce qu'il n'a pas sifflé?

Jacques. — Je n'ai pas entendu.... mais qu'importe! les wagons sont attachés, je crois.... Au diable! je n'y vois plus clair... Marche! touche!...

Jean. (*prenant le régulateur*). — Dieu qu'il est dur!... Donne-moi donc un coup de main.... Machine de carton.... va!

Jacques. — Oh! hisse.... ça y est.... Adieu, vat'! et du calme.... toujours, toujours.

Jean. — Asseois-toi là, tiens, sur le coke, je vas te verser un coup (*il débouche une bouteille*): à ta santé....

Jacques. — Dis donc, il me semble que la trotteuse a trop de vitesse, j'ai envie d'appuyer un peu le régulateur?...

Jean. — Laisse donc, nous arriverons plus tôt.

Jacques. — A ta santé alors!... Mais dis donc, pourquoi tes filles ne sont-elles pas venues dîner avec nous?

Jean. — Est-ce que je sais, moi! je leur avais pourtant dit que c'était ma fête. Mais il paraît qu'elles courent les champs depuis trois jours avec deux étudiants, et on ne peut plus en jouir à la maison, elles sont toujours dehors.

Jacques. — Mais Jean, je te dis que nous coupons le vent.... modère ton train.

Jean. — Laisse donc rouler et bois un coup.... N'est-ce pas que c'est bon l'oie.... j'en mange tous les dimanches, l'hiver, moi; ma femme arrange ça crânement, — hein!

Jacques. — Oui, c'est bon l'oie, l'hiver, et les marrons qui sont dedans aussi. Mais j'en ai trop mangé; ça me fait mal!

Jean. — Déjà la deuxième station passée; à la bonne heure. — Ça ne traîne pas.

Jacques. — Modère donc, te dis-je! modère donc!!

Jean. — Nous reperdrons le temps sur la grande rampe.... et tiens, v'là le fond de la bouteille.

Jacques. — Je sens que je me grise.

Jean. — Dis donc que tu te saoules.

Jacques. — Sais-tu une chanson, toi?... Mais, là, une belle?...

Jean. — Oui, tiens, écoute-moi ça: (*il chante à tue-tête*).

> Le père Gribouille,
> Faisait la patrouille
> Dans une citrouille
> Au milieu de l'eau,
> Le petit Jean Broche
> Au fond de sa poche
> Fondait une cloche
> A grands coups d'marteau.

Je la sais depuis 43 ans.... C'est mon père qui me l'a apprise.

JACQUES. — Je ne l'entends pas.

JEAN. — Approche-toi donc plus !... Deuxième couplet !... ah ! ça, tu dors ?

JACQUES. — Non, je suis malade ; cette vieille carcasse de fer me cuit les pieds, tandis que j'ai la figure gelée.

JEAN. — Approche-toi donc te dis-je ; tiens v'là un verre de vin, ça te remettra !

JACQUES. — Vois donc comme les poteaux se suivent vite.... tu as tort nous arriverons trop tôt.

JEAN. — Tais-toi donc, nous n'arriverons peut-être pas, au contraire.

JACQUES. — Pas de bêtise..... j'ai trois enfants, j'ai peur.

JEAN. — Laisse-moi donc la paix avec tes enfants.... ils te voleront plus tard jusqu'à la laine de tes matelas.... Vois mes filles.... elles sont propres !.... et moi je suis ivrogne.... vrogne.... vrogne.... comme le vin.

(*Les voyageurs aux portières des wagons, poussent des cris lamentables.*)

JACQUES. — Tu pleures donc ?

JEAN. — Oui, des larmes chaudes, des larmes d'eau-de-vie.... Entends-tu les harengs en caque ? Ils braillent ; je les ai mis en goût tout-à-l'heure.... En v'là un train de plaisir !

JACQUES. — Viens m'embrasser, vieux compère, j'étrangle, j'ai besoin d'un ami !...

JEAN. — Je ne suis pas ton ami !... tu es mon chauffeur.... je suis ton maître !

JACQUES. — Mais arrête donc ta bourrique ! la terre nous craque sous les pieds, les roues fument et la bielle est rouge ! je te le commande ou sans cela tu vas voir.... je ne..... je ne peux plus me lever.

JEAN. — Et moi je bois encore ! je boirai toujours ! je suis un homme.... un fort homme.... Malheur, je ne pourrai donc pas noyer mon chagrin !... allons, encore un verre.... Non ! mille tonnerres ! que la bouteille y passe tout entière....(*Il boit à même le goulot*). Et une autre encore après.... et moi aussi !.... Et si je meurs que le corset de mes filles leur en brise la taille !..... Moi, je suis propriétaire du chemin de fer, je suis colonel !... je suis roi....

JACQUES. — Arrête ! Jean.... ar...rête !

JEAN. — Tais-toi donc, vieux paquet de linge sale.

(*Jacques cherche à se lever, perd l'équilibre et tombe hors la locomotive*).

JEAN. — (*Regardant la place où était Jacques d'un air hébété*). Avant de partir, il a laissé au moins son cœur. (*Au sortir d'un tunnel*). Elle n'est pas longue la voûte aujourd'hui!... Tiens, là-bas! que de lumières.... Mais non, que je suis bête; c'est déjà le jour à une lieue d'ici! Cependant si c'est la gare!!!!.. Tant pis, je ne me dérange pas.... ça la crèvera si ça veut.... Bataille!!... ça se rapproche tout de même.... cent mètres encore.... Allons! en joue.... Feu!....

Patatra!....

EDMOND ROCHE

Une âme d'artiste dans un pauvre corps tout chétif, tout ratatiné ; il avait des hochements de tête de petit vieux et marchait à demi courbé sur une grosse canne à pomme d'ivoire — *Marguerite*, comme il l'appelait ; elle lui servait à accentuer ses théories musicales, et, de sa main loyale et bonne qui n'eût jamais frappé personne, il l'agitait avec énergie quand il parlait de tous ces farceurs qui remplacent journellement l'inspiration, l'élan, la passion par le procédé. Et il fallait le voir dans un concert, assis dans sa stalle, le menton posé sur *Marguerite*, secouer la tête et murmurer, pendant que le public applaudissait à tout rompre aux tours de force de l'inimitable virtuose Saponaire de Grinski : Oui, va, *allegro alla deginganda;* c'est cela, c'est cela *prestissimo ma barbouillando...* animal, gredin, etc ; et *Marguerite* mordillait le parquet de sa belle douille de cuivre ! Mais aussi comme sa tête fine et intelligente s'animait, comme son œil doux et limpide brillait d'enthousiasme et d'énergie, comme sa main crispée serrait fiévreusement l'inoffensive *Marguerite* quand « loin des coteries et des arrière-boutiques où s'élucubrent les réclames musicales, où se fabriquent les réputations du jour, » des artistes comme Armingaud, comme Jacquard, dignes interprètes des grands maîtres, lui rendaient pour un instant ces chefs-d'œuvre aux charmes éternels.

Il aimait la musique, il l'aimait à en pleurer et on sentait que sur cette organisation si nerveuse et si délicate, cet art devait être tout puissant. Il jouait assez bien du violon et avait été au Conservatoire l'un des bons élèves de la classe d'Habeneck ; mais, hélas ! il fallait gagner sa vie et mon pauvre Roche dut demander à un des pupitres de l'orchestre de la Porte-St-Martin de quoi ne pas mourir de faim pendant le temps de son surnumérariat à l'administration des Douanes. Une fois appointé, il revint vite à ses maîtres chéris, et ses longues soirées se passèrent désormais entre Mozart, Beethowen, Haydn, à l'interprétation desquels il dut toujours ses plus pures jouissances et ses plus douces consolations.

Roche s'essayait aussi à la critique musicale et, disons-le tous bas, à la poésie ; nous en parlerons tout à l'heure. De 1850 à 1860, il fut certainement, parmi les irréguliers de la petite presse écrivant à leur heure et choisissant leur endroit, l'un des plus compétents qui se soit occupé de musique et je n'en citerais pas cinq. Il avait du trait, de la verve, du mordant et quand nous lui disions : Roche, Roche, c'est trop vif, de grâce épargnez ce pianiste ; ménagez ce violoniste... — Non, disait-il, pas de pitié ! il est temps que le règne des charlatans finisse ;

l'art malgré le vulgaire, l'ignorance et la sottise doit tôt ou tard se manifester dans sa magnificence et dans sa liberté ! je trouve qu'un peu de courage et de bonne foi ne seront pas inutiles, dans le débat et si, à défaut d'une voix autorisée, je n'apporte qu'une voix convaincue et si ma critique est un peu de la critique à la diable en dehors de tous les usages, de tous les ménagements, elle aura du moins l'honnête avantage de frapper en face.

Et ses articles du *Nouveau Journal* (d'Amédée Rolland) du *Cadet-Roussel*, du *Diogène* (d'Amédée Rolland) de *l'Effronté*, du *Diable boiteux*, etc., ne donnent pas de démenti à ces fières paroles.

Il avait le trait; dix lignes pour le prouver :

« Ainsi Berlioz aspire à l'Institut. Il se sent donc bien vieux ! — J'avoue que je ne puis m'accoutumer à la pensée de le voir affublé du frac à palmes vertes. — Voyez-vous d'ici cette belle tête si fine, si intelligente, si sarcastique, au-dessus de l'uniforme rétréci ! — Berlioz, l'homme de génie, le hardi violateur des règles, assis dans ce fauteuil, lui qui ne nous apparaît jamais que debout, entraînant du geste et du regard une armée d'exécutants et soulevant la foule par toute sa force créatrice. — Berlioz votant, — Berlioz discutant, — Berlioz examinant ! — Berlioz dormant ! — c'est effrayant ! »

Mais il avait mieux que de l'esprit : il connaissait à fond les questions d'art qu'il traitait, ce qui n'est pas aussi commun à notre époque qu'on pourrait le croire et était honnête ce qui est encore d'une certaine rareté. La musique occupa une large place dans sa vie et c'est pour cela que nous lui avons donné le pas sur la poésie. Ici, il semble qu'il fût moins maître de son instrument ; le corps qu'il lui fallait donner à sa pensée en ternit l'éclat et paraît l'alourdir ; il apporte dans sa poésie la même foi, le même enthousiasme, mais il est trahi par la forme, et, écho involontaire des deux ou trois grands poètes de notre temps, il ne nous offre rien de bien original, de bien personnel... C'est une petite note douce et émue, mais toujours remplie de sentiments généreux — du reste, en connaissait-il d'autres !

J'ai là, sur ma table, son petit volume les *Algues*, livre d'ami, car il ne se vendait pas et Roche ne le donnait qu'aux intimes...., une bonne et cordiale dédicace l'accompagne ; hélas ! cette pauvre main était glacée par la mort quand l'autre volume parut, le second... le dernier : *Poésies posthumes, avec une notice par M. V. Sardou; eaux fortes de Corot, Bar, Herst, Michelin, Grenaud. Paris 1863.* La forme se dessine d'une façon plus nette, plus accusée que dans le premier volume ; la plupart des pièces sont inspirées de ses maîtres chéris, dont je parlais tout à l'heure : Mozart, Haydn, Beethowen ; parmi elles, je citerai la *Transfiguration* que je ne trouve point sans charmes. Il manqua à Roche....... — Non, ce n'est pas ce que vous croyez ; vous allez bien voir ce qui lui a manqué.

Sa vie fut une lutte continuelle, lutte dans laquelle il fut toujours vaincu, jamais découragé. Plein de foi et d'énergie, il se relevait et gravissait la montagne qui semblait grandir à chaque chûte nouvelle. Il était naturellement gai et son caractère vif et enjoué reprenait vite le dessus ; et quelles bonnes histoires il racontait! des histoires de curé! en savait-il! c'était à croire qu'il les collectionnait... puis, un nuage passait, toute cette gaîté s'envolait, et, plus appuyé que jamais sur *Marguerite*, il remontait à Montmartre en me disant: Mon vieux, je n'ai cependant pas sujet d'être bien content, rien ne me réussit; Sainte-Beuve avait recommandé ma *Comédie des Ombres* au Théâtre-Français, Got, qui a lu en public mon étude sur Stradivarius, poussait à la roue... eh bien, tout cela n'a servi à rien et voilà l'anniversaire de la naissance de Molière passé!

De fait, elle est charmante cette petite pièce qu'on a imprimée dans ses œuvres posthumes sous le titre de la *Dernière fourberie de Scapin* et je me demande encore quelles raisons avait la Comédie Française pour ne point jouer ce petit acte au vers si bien coupé et tout pétillant de grâce et d'esprit, — c'est peut-être la meilleure chose de Roche, — quand il me serait facile de citer une foule d'inepties jouées aux anniversaires.....

Et Roche continuait : Mais que diraient-ils donc si je leur lisais ma tragédie de *Velleda*! Cela ne va pas m'empêcher de continuer mon grand drame le *Dernier des Mohicans*! ce sera le dernier des drames; jamais, mon cher ami, vous n'en aurez vu un comme celui-là. Par exemple, il faudra un crâne directeur pour le jouer... c'est à celui qui recevra mon *Bernard de Palissy* que je réserve cette bonne fortune! — et il agitait gaîment *Marguerite*.

Dans cette terrible partie où tout son être était engagé, une seule fois, la chance fit mine de passer de son côté ; il avait par hasard fait la connaissance de Wagner, dont il était depuis longtemps un chaud admirateur, et cette rencontre, qui, un instant, faillit le sauver, précipita au contraire sa perte. Wagner l'avait chargé de traduire le *Tannhauser*..... mais je vais laisser M. Sardou raconter l'histoire de cette traduction qui devait être si fatale à notre ami.

« La traduction du *Tannhauser* prit à Roche une année entière du travail le plus assidu, le plus exténuant ; il y prodigua ses jours et ses nuits. Il faut l'avoir entendu raconter tout ce que lui faisait souffrir l'exigence de ce *terrible homme*, comme il l'appelait. Le dimanche, jour de repos à la Douane, était naturellement celui que Wagner accaparait pour sa traduction — quel congé pour le pauvre Roche ! —
« à sept heures, me disait-il, nous étions à la besogne et ainsi jusqu'à midi, sans répit, sans repos ; moi courbé, écrivant, raturant, et cherchant la fameuse syllabe qui devait correspondre à la fameuse note, sans cesser néanmoins d'avoir le sens commun ; lui debout, allant, venant, l'œil ardent, le geste furieux, tapant sur son piano au passage, chantant, criant, et me disant toujours : allez, allez ! — A midi, une heure quelquefois et souvent deux heures, épuisé, mourant de faim, je laissais tomber ma plume et me sentais sur le point de m'évanouir. — « Qu'avez-vous? me disait Wagner tout surpris » — « Hélas ! j'ai faim. » — « Oh c'est juste, je n'y songeais pas. Eh bien ! mangeons un morceau vite et continuons. » On mangeait donc un morceau vite, et le soir venait et nous surprenait encore, moi anéanti, abruti, la tête en feu, la fièvre aux tempes, à moitié fou de

cette poursuite insensée à la recherche des syllabes les plus baroques..... et lui, toujours debout, aussi frais qu'à la première heure, allant, venant, tapotant son infernal piano et finissant par m'épouvanter de cette grande ombre crochue qui dansait autour de moi aux reflets fantastiques de la lampe et qui me criait comme un personnage d'Hoffmann : « allez toujours, allez ! » en me cornant aux oreilles des mots cabalistiques et des notes de l'autre monde. »

Le *Tannhauser* fut joué trois fois ! et le nom de Roche ne figura même pas sur l'affiche !

La dernière fois que je le vis, c'était la veille de la première représentation du *Tannhauser*; il était tout fatigué, tout triste, et il me raconta ses ennuis et ses déboires ; car, si je me souviens bien, Wagner lui adjoignit un second traducteur... il y eut même un peu de brouille à ce sujet et je n'affirmerais pas que Wagner se fût en cette occasion conduit envers Roche comme il eût dû le faire. Je n'ai, du reste, rien de précis à ce sujet.

Des courants divers nous entraînèrent de côtés différents ; je voyageais, et Roche était mort depuis longtemps, lorsque j'appris que sur la fin de cette année là, si terrible pour lui, des crachements de sang étaient arrivés et que mon malheureux ami avait succombé le 25 décembre 1861.

Il avait trente-quatre ans !

J. F. VAUDIN

Ce n'était point un méchant homme que celui-ci, mais cependant pour rendre hommage à la vérité, disons de suite qu'il était d'une égalité de caractère... insupportable : toujours de mauvaise humeur, un vrai bâton..., qu'on ne savait par quel bout prendre. Plus maniable avec ses amis, il fallait cependant encore que ceux-ci agissent avec une certaine circonspection, non qu'il fût méchant — je l'ai vu bon et même très-bon — mais il était content de croire qu'il inspirait généralement de la terreur ; — de la sympathie... il s'en préoccupait peu, et, la plume à la main, se montrait souvent injuste et toujours violent.

En littérature, il appartenait à la série des *engueuleurs* (pardon du mot !) ; l'ironie, l'esprit, la malice étaient des armes dont il ne savait pas se servir, mais quand il tenait quelqu'un, les adjectifs furibonds, les épithètes insolentes arrivaient surabondamment sous sa plume et donnaient à sa prose une sorte de verve et de passion qui, à vrai dire, était le fond de son talent...

C'était un cerveau mal équilibré qui avait le tort

de vouloir viser à la politique à laquelle il n'entendait absolument rien ; il avait sans cesse le mot liberté à la bouche et s'écriait : « Des gens qui n'ont que leur mouchoir pour drapeau m'ont demandé quel était le mien, je me garderai bien de m'empanacher d'une profession de foi. Je suis Français, voilà tout ce que je suis. Et en cette qualité je déteste la politique d'exhumation ou d'aventures » et dix lignes plus loin, ce pauvre Vaudin, qui n'y voyait pas plus loin que le bout de son nez, disait : « En vérité le gouvernement ne fait-il pas des miracles en envoyant nos armées combattre pour la justice et la religion en Syrie, en Chine, en Cochinchine, au Mexique ? Nos soldats ne sont-ils pas des missionnaires apostoliques ?... Qu'allons-nous faire au Mexique, si ce n'est de la justice, un changement d'hommes et de choses, une épuration radicale de la sentine gouvernementale de M. Juarez, une inoculation hardie de notre morale et de notre droiture à ce vicieux peuple mexicain. » Et plus loin : « Un grand fait est déjà acquis à la cause et aux espérances de la liberté, l'Empereur la désire et la veut... » etc., etc.

!!!

Je lui avais donné l'autorisation de continuer une *Histoire anecdotique et critique de la Presse parisienne* dont j'avais déjà publié les années 1856, 1857 et 1858, — Vaudin fit les années 1859 et 1860, puis ce fut tout ; ce qui n'était chez moi qu'une sorte d'annuaire, de description anecdotique et critique des journaux publiés à Paris chaque année, devint chez lui un simple prétexte à tartines politiques, religieuses, financières... que sais-je ? D'exactitude, de méthode, de renseignements... point ! il y avait là des journaux imprimés à Turin et des publications qui n'ont jamais rien eu de commun avec ce qu'on appelle un journal, mais qui, je l'ai dit, permettaient à Vaudin de flageller — et il n'avait pas la main légère, — certains philosophes, certains artistes, certains journalistes financiers qui ne lui allaient pas.

Il ne faudrait pas croire cependant que Vaudin fût un parangon de vertu ; s'il ne venait pas d'Athènes, il ne venait pas de Sparte non plus et je crois bon de rassurer les consciences de certains confrères que le rigorisme de Vaudin aurait pu effaroucher — les pauvres colombes !

A l'époque du procès Mirès, l'avocat impérial Sévérien Dumas s'écria un jour en parlant du financier :

« Il donne au premier venu, à celui-ci, à celui-là, 535,000 francs à des hommes de lettres ; l'honneur de ceux-ci s'en est justement ému ; au nom de la *Société des Gens de lettres*, une enquête a été réclamée... »

Là-dessus quelques gens de lettres, Etienne Arago, entr'autres, demandèrent à ce que ce fut ladite Société qui fit l'enquête afin de mettre l'honneur de la profession des lettres à l'abri d'imputations outrageantes. Mais les grands journaux gardèrent un silence prudent et la Société des Gens de lettres, *alma mater*, se contenta de cette explication: cet argent avait servi à rémunérer certains journalistes de leur collaboration aux journaux dont M. Mirès était le propriétaire.

Comme je poussais Vaudin à demander quelque chose de moins sec, de plus explicite, il me répondit en riant : j'en sais là-dessus autant que j'en veux savoir, car je dois 2,000 fr. à Solar.

Je ne veux pas faire de cela un crime à Vaudin, mais c'était un journaliste et rien de ce qui est commun aux journalistes ne lui était étranger ; et s'il avait été là, jadis, quand M. Guizot s'écria dans un discours resté célèbre : *Vous sentez-vous corrompus ?* Vaudin, la main sur le ventre, aurait pu répondre, eh ! eh ! mais je me sens indisposé.

Je l'ai dit en commençant : quinteux et irascible à l'extrême, Vaudin s'était fait une existence peu enviable et il n'avait pas 40 ans qu'aigri, mécontent de lui et des autres, devenu complétement insociable, il se mit à vivre seul ; il s'enfermait et passait des journées entières... toujours une bouteille à côté de lui !

J'ai lu je ne sais où, qu'au moment de mourir, au milieu de son agonie il regardait la pendule avec une fixité irritante, et, comme l'ami qui le veillait l'engageait à ne pas se fatiguer dans cette stérile contemplation.

— Je voudrais savoir, dit Vaudin, avec un sourire indéfinissable, à quelle heure je vais mourir.

EUGÈNE CRESSOT

Au moment de parler de Cressot, je me rappelle avoir lu dans je ne sais quel bouquin la vie du poète Anson, un traducteur d'Anacréon ; cette biographie se terminait par ces mots : Il mourut à Paris le 20 novembre 1810, des suites d'une indigestion. C'est peut-être le premier poète qui soit mort ainsi.

Cette réflexion qui me fit sourire alors, me revient aujourd'hui à la mémoire toute imprégnée de tristesse et de mélancolie, car l'indigestion ne fut pas la maladie du malheureux poète dont le nom figure en tête de cette page ; son mal, son vrai mal fut la faim !

Pauvre poète ! Rien dans son extérieur ne prévenait en sa faveur ! Il était maigre et long, long,.... *comme un jour sans pain*; son teint était jaune, terreux et cette peau parcheminée faisait encore ressortir les vives saillies de son visage osseux ; ajoutez à cela je ne sais quoi de gauche et d'embarrassé et vous aurez une sorte de Pierre Gringoire, qui ne pouvait véritablement exciter chez les plus sympathiques que la compassion, la pitié.

Mais demandez à tous ceux qui le connaissaient

quel digne et bon garçon c'était ! En voilà un qu'on peut citer aux poètes auxquels la faim fait faire de mauvaises connaissances et qu'elle conduit dans de mauvais lieux ; et cependant il eut faim et souvent !

Ecoutez : Cressot, grâce à quelques travaux de traduction faits, je crois, pour la maison Hachette, pouvait tout juste vivre de deux jours l'un ; ah ! si les mois n'eussent eu que quinze jours... le rêve de Cressot ! Il arriva cependant à réaliser cet idéal et son moyen fut des plus simples tout en étant des plus héroïques ; ces malheureux quinze jours qui le gênaient, il les supprima et résolument accoutuma son misérable estomac à ne recevoir de nourriture que tous les deux jours. Je n'exagère rien, ce que je dis est à la lettre : Cressot ne mangeait que tous les deux jours ! Et il n'en dit rien dans ses vers :

J'ai vécu dans la peine et la douleur austère,

voilà tout.

Entrait-il par hasard chez un ami à l'heure du repas, même le jour où il ne mangeait pas :

— Tiens, Cressot, vous déjeunez avec nous ?

— Non, disait simplement Cressot qui ne voulait point déshabituer son estomac, non merci, je viens de déjeuner ; j'ai même trop mangé..... et il appuyait sa main contre son estomac comme pour le faire taire ; et quand involontairement il trahissait par une grimace les souffrances que lui causait cet affamé et qu'on lui disait : mais Cressot, vous n'avez pas l'air d'être à votre aise ; — Oui, répondait-il, doucement, depuis quelque temps, j'éprouve des contractions... je ne sais à quoi les attribuer.

Et comme il aimait sa petite chambre de la rue Regnard, si petite qu'il ne pouvait y tenir debout et que de son lit il atteignait le rayon chargé de livres: Est-elle commode, s'écriait-il, j'ai toujours adoré les petites pièces, on a tout sous la main !

De tout cela, je l'ai dit, pas un mot dans ses vers.

Ses vers ! ils sont bien de lui, doux, tristes, résignés — avec une pointe de découragement par ci, par là, car Cressot était mieux qu'un héros, c'était un homme ! Ses défaillances ne sont pas longues et le poète tend les bras vers l'avenir avec confiance.

Un peu plus de virilité, une pensée plus nette, plus accusée... Eh ! mon Dieu, du pain tous les jours et Cressot ne serait pas mort avant son heure !

Un de ses amis lui avait laissé en mourant une petite rente, de quoi manger plus souvent, c'est-à-dire de quoi être heureux ; mais, hélas ! ironie de la destinée ! ce pauvre estomac était si bien habitué à ne pas manger qu'il ne pouvait plus rien supporter et Cressot rentra dans l'éternelle paix où ceux qui sont restés purs deviennent à jamais, comme il le disait, essence et lumière.

Il avait du talent et était honnête, voilà en deux mots son oraison funèbre, a dit Albéric Second, le seul journaliste, je crois, qui se soit aperçu de la mort du poète. Et en effet, pourquoi eût-il occupé la chronique ? il n'avait sauté sur aucun tremplin, n'avait été ni improvisateur, ni fabricant de romans, ni comédien, il avait été poète, voilà tout !

Je viens de relire son œuvre..., que de choses j'aurais à citer si je ne sentais la place me manquer. La pièce *les Voix de la forêt* peut donner une idée assez juste du talent de Cressot, il y est tout entier : qualités et défauts ; malheureusement je ne puis en publier que des fragments.

Pourquoi, dit le poète :

> Pourquoi chanter encor, quand s'éteint la clarté
>   Sur la terre avilie,
>   . . . . .
>   . . . . .
> Quand sous les cieux muets, les martyrs, les proscrits,
>   Ceux qui morts se font craindre,
> Et qu'il est défendu pendant nos jours maudits
>   De pleurer ou de plaindre
. . . .

Les amants, les laboureurs, les soldats lui répondent en strophes de rhythmes différents ; celles des amants sont charmantes :

> Nous avons comme toi, passé dans ce chemin,
> Souriant à la vie et nous donnant la main,
>   Comme toi, nous avons, poète,
> Vu nos rêves chéris emportés par les vents,
> Et nous avons pleuré lorsque, spectres vivants,
>   Nous errions dans l'ombre muette.
>
> Mais que nous fait d'avoir senti nos cœurs brisés,
> Que nous fait d'avoir vu nos longs baisers glacés,
>   Comme les feuilles sous le givre,
> Si nous avons un jour, dans une coupe d'or,
> Bu le miel parfumé dont il nous reste encor
>   Le souvenir qui nous enivre.
>
> Ah ! nous avons aimé, si nous avons souffert,
> Sur nos fronts rayonnants le ciel s'est entr'ouvert.

> Et maintenant dans la nuit sombre,
> Nous attendons le temps de l'éternel amour,
> Et l'aube qui bientôt ramènera le jour
> Qui pour jamais chassera l'ombre.

Quand tous ont parlé, la vision dit au poète :

> Tu les entends poète, aucun n'a blasphémé ;
> Ils espèrent toujours : leur cœur tient renfermé,
> Comme la fleur des nuits qui se clôt à l'aurore,
> Une larme du ciel qui les fait vivre encore.
> . . . .

Elle le console, lui parle d'espérance et le poète se relève.... mais mélancoliquement :

> Toujours nous faudra-t-il tendre nos bras lassés
> Et, pâles de souffrance,
> Suivre en fermant les yeux aux souvenirs passés
> L'implacable Espérance.

Il y a plus d'énergie dans les vers suivants :

> Quand le crime vainqueur par surprise a lié
> La vérité, la foi, la justice sacrée,
> Et, que l'œuvre accompli, sous sa main exécrée,
> Les lâches ont courbé leurs fronts vils sous son pied.
>
> Alors viennent des temps pleins d'angoisses et d'ombre.
> Les cieux âpres et durs refusent leur lueur
> Au monde, dans les champs ne germe aucune fleur,
> Aucune étoile d'or ne perce la nuit sombre,
>
> Nous sommes à la fin de cette nuit obscure,
> Regardes dans les cieux, déjà brille l'éclair,
> C'est l'archange qui fait étinceler dans l'air
> Le glaive dont il va frapper la race impure.
> . . . .

Et plus loin :

> Mais avant ces grands jours, il faut que le poète,
> Proscrit qui va portant dans son âme inquiète
> Tous les maux amassés dans les cœurs déchirés,
> Lorsque chacun se tait, dise dans la nuit sombre
> Ce qu'auront souffert ceux qui traînèrent dans l'ombre
> Leur âme et leurs pas égarés.

N'est-ce pas qu'il y a du talent dans tout cela, et mieux que du talent, du cœur ; et ne pouvons-nous pas dire à Eugène Cressot — ce qu'il se fait dire par la poésie :

> Redresse-toi donc, mon poète !
> Vers le ciel relève ton front !
> L'œuvre du sang de ton cœur faite,
> Vivra malgré tout vil affront.

AUSSANDON

En 1862, dans une *Histoire du Figaro* que je publiais alors, (je demande pardon de me citer), je disais : Aussandon donna au *Figaro* une série d'études sous ce titre : *Silhouettes médicales*. Le portrait du chirurgien finit par ces mots :

« Comme nous l'avons dit dans le commencement de cet article, nous avons assisté au lit de mort de vrais chirurgiens, — et c'est une terrible pierre de touche que le lit de mort ! — Tous ceux que nous avons vus à l'heure dernière sont morts comme de bons soldats, sans crânerie, sans lâcheté, disant simplement, comme le vieux Bas-de-Cuir de Fenimore Cooper, quand Dieu l'appelle : « Présent ! »

Pauvre Aussandon, il n'a pas attendu qu'on l'appelât ! Quelques jours avant sa mort, racontait Paul d'Ivoy, Aussandon rencontre M. de Villemessant au café du Helder. M. de Villemessant lui trouve l'air triste et s'efforce de lui remonter le moral. Sans l'écouter, Aussandon lui dit :

— Vous n'avez jamais eu l'intention de vous tuer, vous ?

— Moi ! répond M. de Villemessant, pas encore.

— Eh bien si cette envie-là vous prend, je vais vous donner le moyen de vous tuer proprement. Vous chargez un pistolet, — vous mettez la main sur votre cœur ; — quand vous le sentez bien battre, vous appuyez le doigt sur la place où vous l'avez senti, vous laissez glisser votre doigt un peu au-dessous, vous appuyez le canon du pistolet sur votre doigt pour bien l'assurer, vous avez soin de ne pas appuyer la bouche du canon sur la peau, ce qui empêcherait l'arme de partir, et vous tirez,... Votre affaire est faite,.. sans douleur....

Dans les premiers jours de mai 1859, Aussandon mettait en pratique cette théorie si froidement développée.

Il essaya d'abord de s'asphyxier avec du chloroforme, mais l'odeur le trahit, sa femme vint, appela au secours et envoya chercher un médecin... c'est alors qu'il se tira un coup de pistolet au cœur.

On a dit qu'il s'était tué pour échapper à des souffrances intolérables causées par une attaque d'apoplexie qu'il avait eue quelque temps auparavant... Ce n'est pas d'une exactitude rigoureuse. Le pourquoi de cette fin tragique est connu de quelques-uns....

Quand j'ai connu Aussandon, il était sain de corps et d'esprit, il avait la santé, la gaieté, l'insouciance et semblait tenir à la vie par de solides attaches ; c'était un savant — plein de fantaisie et d'originalité, qui avait fait un livre *Minimus Lavater* où rayonnaient le bon sens et la bonne humeur. La conversation suivante qu'il eut avec Jules Viard, deux mois avant de mourir, le montre bien tel qu'il était et c'est pourquoi je la rapporte ici :

Aussandon lui tendant les deux mains : — Tiens, te voilà ! mon gros... que fais-tu !

— Je m'ennuie.

— Tant pis.... quand [on s'ennuie soi-même on embête les autres... où vas-tu ?

— Nulle part.

— Je vais rue Vivienne... viens-tu avec moi ?

— Très-volontiers.... on ne vous voit plus à la Brasserie.

— Oh ! j'y vais très-rarement... pouah ! que tu as là un mauvais cigare !

— C'est un bout coupé... un simple bout coupé !

— Permets-moi de t'offrir un quinze centimes.... par égoïsme pur... ton bout coupé m'empeste. (*On achète des cigares*).

Aussandon : — Je te disais donc, mon petit, que j'allais très-rarement à la Brasserie.... Ce sont de bons enfants.... je ne dis pas non... mais, vois-tu, ils ne croient pas à ma littérature ! (*S'arrêtant brusquement d'un air grave*) Et toi, crois-tu à ma littérature ?

— Comme vous croyez à la leur !

— Ah ! le trait est malin ! (*il sourit de son bon et franc sourire, en montrant ses belles dents rabelaisiennes*).

— Laissez donc !.. Oui, je crois à votre humour, à votre cœur, à votre esprit... *minimus Lavater* ; vos romans du *Journal pour tous*, vos articles du *Siècle*, tout cela c'est de la littérature... et de la vraie !

— A la bonne heure ! n'est-ce pas ? l'âge n'y fait rien... les humoristes, d'ailleurs, ne peuvent bien écrire qu'après quarante ans.

— Vous ! vous êtes le plus jeune de nous tous ! *(On passe devant le Vaudeville).*

— Oui... oui... c'est vrai... Tiens, on répète là une comédie intitulée la *Seconde Jeunesse...* La seconde jeunesse ! c'est le grand moment pour aimer et pour produire ! *(avec mélancolie)* : Moi, je sens que je commence ma troisième ! A propos, j'ai lu ton bouquin... de toi à moi, je te le dis franchement... c'est adorable... c'est d'une finesse, d'une sensibilité, d'un *humour* exquis... quelle patience d'observation ! c'est du Sterne ! et je m'y connais... Oh ! cher ami, quelle belle et gaie misère que la tienne ! A ta place, je serais devenu bête comme chou, moi qui te parle.

— Sacredié ! vous me faites plaisir !... tant mieux si ce livre plaît à mes amis... car les grands critiques n'en ont pas parlé...

— Veux-tu que je te fasse un bel article, moi-même, au *Siècle !*

— Au *Siècle !* oh ! oh ! ce sera difficile.

— N'êtes-vous pas de la même religion.

— Au fond, oui.... mais nous ne sommes pas de la même paroisse ! alors....

— Alors, petite conspiration du silence ! je connais cela. Bah ! toi, tu as la santé, la conviction, l'espérance.... tu peux attendre... moi je m'en vais....

— Bah ! mon cher docteur, soignez-vous vous-même !

— Je n'y puis rien ! va.., quand l'organisme de la grande machine est attaqué... nous sommes tous des fichues bêtes... je disais donc qu'on ne te rend pas justice, à toi aussi... Ne pleure pas, mon enfant.... c'est la vie... Et puis, vois-tu bien, petit, il faudrait qu'on te la rendît trop pour te la rendre assez.... c'est ce qui fait qu'on ne te la rendra jamais... que fais-tu, en ce moment ?

— Je fais des pièces de théâtre....

— Pour les tiroirs !.. je sais... Ah ! sacredié..., tu es l'homme que je cherche.... veux-tu de l'argent ?,.. J'ai une idée de journal... Tu es piocheur... Je veux faire un canard avec toi...

— De quoi s'agit-il ? dites.

— Voilà mon idée... Elle est bête comme tout... mais il y a de l'argent à gagner ! j'intitule mon journal : *La Justice de Paix*... illustré... dix centimes... deux ou trois numéros par semaine.... Nous avons de bons sténographes, qui prennent une copie exacte de toutes les affaires de justice de paix... oh ! mon ami, voilà le vrai, le réel, le comique éternel de la vie de chaque jour, de chacun de nous ! c'est trivial, c'est stupide, c'est mesquin, mais c'est drôle, oui !... tout le monde y va ; — tout le monde y passe, devant ce simple tribunal... c'est le vaudeville, la comédie, la farce en action ! c'est le lavoir universel où l'humanité lave son linge sale en famille !.. Nous arrangerons, tous les deux, le compte-rendu de ces affaires infimes... avec du trait, de la gaieté, du bon sens, de la malice, de la philosophie... et tu en as... et de la meilleure ! comme moi.... nous arrangerons un journal que tout Paris s'arrachera, depuis le portier jusqu'au prince !.. je ferai illustrer cela par mon ami Gavarni ?... hein ? quelle mine d'or !... Je mets dix mille francs à ta disposition pour lancer la chose.... Deux de mes amis m'ont promis d'en fournir autant.... Avec cela, on peut commencer, n'est-ce pas ?

— Certes !

— C'est convenu... ça te va ?.. tope-là !

— Ma foi oui... je trouve l'idée superbe....

— Eh bien ! viens me voir dans quelques jours... nous ferons un petit traité... Adieu, mon ami, ne te décourage pas *(il s'arrête devant une porte cochère)* je vais voir un malade... un bon malade..., là ; adieu.... A propos, dix francs te feraient-ils plaisir, en ce moment-ci ? je vais en gagner vingt, là-haut.... tiens, les voici !..

— Ma foi, mon bon ami, merci, de tout cœur ?..

— C'est bon... c'est bon... Vois-tu ? si cet argent était pour t'amuser, je serais plus content de le donner... j'en prête souvent, par-ci par-là, à tes amis... au moins, eux, ils le boivent.... courent les fillettes... voilà de l'argent bien placé !... mais donner de l'argent à un époux bien tranquille et bon père... cela mérite le prix Monthyon ! c'est bête... car, enfin, que vas-tu faire de ces dix francs ? un pot-au-feu, je le parie !... pouah !!! adieu... mon ami,.. songe à *la Justice de Paix*,.. c'est une fortune !...

. . . .
. . . .
. . . .

ARMAND LEBAILLY

— « Que j'en ai vu, de mes amis, mourants de ce mal horrible qui ne pardonne pas ! la même scène était devant mes yeux, je crus voir un fantôme, pauvre Lebailly ! » dit M. Boué de Villiers dans les quelques pages émues qu'il a consacrées au malheureux poète phthisique, pages qui honorent autant leur auteur que Lebailly.

Armand Lebailly appartenait à une pauvre famille de paysans normands, et ce fut par faveur qu'il put commencer au séminaire des études qu'il acheva plus tard au collége de Coutances. Après avoir été maître d'études — boulet que sa surdité précoce lui empêcha de traîner longtemps, il entra comme correcteur à l'imprimerie Buhour de Caen et devint rédacteur en chef du *Progrès du Calvados*, un journal littéraire dont les allures un peu vives causèrent la mort prématurée.

Et Lebailly, la tête pleine de rêves dorés, mais l'escarcelle vide, prit la route de Paris où il trouva vite... la misère. « Il souffrit de toutes les façons, dit M. Boué de Villiers, et dut écrire dans des recueils suspects : il mit des romans dans la *Revue des Races latines* de M. Hugelmann ! »

J'en connais bien d'autres qui ont mis des romans — là et ailleurs — et qui n'avaient pas cette mauvaise mais terrible excuse, la misère !

Ah ! la misère ! fantôme horrible ! goule insatiable, *malesuada fames* ! où sont-ils ceux qui se sont retrempés dans ton étreinte redoutable ?.... tandis qu'on compte par milliers ceux qu'a énervés et flétris ton contact impur.

Ecrire dans la *Revue* de M. Hugelmann devait en effet paraître dur à l'écrivain démocrate que Victor Hugo avait félicité et qui avait inscrit en tête d'un de ses volumes, ces quatre vers :

> Poète je donne des ailes
> Aux faibles de l'Humanité ;
> Je n'aime que la Liberté
> Et ses Trois couleurs immortelles.

Pauvre Lebailly !

Il avait publié deux volumes de vers : *Italia mia* et *Les Chants du Capitole*. Le premier de ces deux livres parut en 1860 avec une préface de M. Legouvé qui s'était intéressé à ce jeune poète ; on y sent un souffle généreux, de la fougue, de l'emportement.... ; de temps en temps la toux sèche du poitrinaire arrive et le pauvre garçon, qui sait sa vie menacée, pense à la mort :

> Ami, quand je mourrai, recueillez ma poussière,
> Mettez-la sur mon seuil pendant une heure ou deux
> Afin qu'elle ait de tous l'accolade dernière ;

> Puis vous la porterez, sans croix et sans bannière,
> Près du tronc du vieux chêne : elle y dormira mieux !

Son second volume *Les Chants du Capitole* (1862) est bien supérieur au premier ; il y a encore çà et là des fautes de goût, de la déclamation et une énergie plus voulue que réelle ; néanmoins l'ensemble est plus calme, plus reposé et les aspirations à la liberté y sont mieux comprises, et paraissent dégagées de certains enthousiasmes qui, dans le livre *Italia mia*, m'avaient, je l'avoue, un peu froissé. Le volume finit par cet envoi mélancolique :

> Mon Dieu ! si dans l'adversité,
> Et j'ai sujet d'y croire,
> Je retourne à la Charité
> Mourir pauvre et sans gloire ;
> Ami, venez de votre main,
> A mon âme orpheline,
> Oh ! venez montrer le chemin
> Qui mène à la colline.

Il paraît qu'on accusa Lebailly de jouer avec sa maladie, de se poser en Millevoye, en Hégésippe Moreau, en somme, d'essayer de faire servir sa phthisie à sa renommée littéraire....., car dans la préface assez embrouillée de la 2ᵉ édition de sa biographie d'H. Moreau, il parle d'abord (il n'y a que les poètes pour se permettre de semblables fantaisies) de cette étude qui « il y a quelques mois fut une véritable émotion littéraire... et qui obtint un de ces succès rapides et sincères.... », puis il arrive à ceux qui l'ont attaqué et les voue à leurs remords.

Je ne crois pas devoir entrer dans ce débat.

Les deux volumes de poésies obtinrent un certain succès et des noms illustres dans les lettres s'intéressèrent à cet infortuné ; Lebailly put visiter l'Italie, ce qui avait toujours été son plus vif désir. L'année suivante, il y retourna, mais s'arrêta à Nice ; ce fut au retour de ce second voyage qu'il publia dans la *Collection du Bibliophile français* ses documents sur Hégésippe Moreau et une étude sur madame de Lamartine. On a encore de lui un roman très-médiocre intitulé *Maria Graza*.

La première fois que je rencontrai Lebailly, je vis « un petit homme vêtu d'une redingote en soie couleur puce, ayant au cou une grosse cravate rouge et sur la tête un long chapeau gris bordé de soie noire » ; c'était le 28 juin 1861, il allait avec quelques confrères, dîner au Plessis-Piquet, chez le père Cense, au *Coup du Milieu*. La dernière fois que je le vis, c'était en Normandie, à Saint-Pair, près de Granville, il passait sous mes fenêtres ; je le reconnus parce que je le savais dans le pays ; il revenait de Gavray qu'il ne devait plus revoir et regagnait Paris à petites journées. A Evreux, son ami, M. Boué de Villiers, raconte qu'il pouvait à peine parler et que cependant il s'informait des nouvelles littéraires ; il voulait voir le compte-rendu des prix de l'Académie. « Il en attendait un. Par un pieux mensonge, Ernest Legouvé le lui avait garanti. L'académicien visitait son jeune confrère à l'hôpital ; il savait son rêve longtemps caressé du laurier académique, et, persuadé que le pauvre poète n'irait pas jusqu'à la distribution des couronnes, — il mentit « pour lui réchauffer l'âme. » Pour mieux le convaincre, il lui avança une somme sur ce prix illusoire.......... Quelle ne fut pas la déception d'Armand Lebailly quand, dévorant le rapport de M. Villemain, il n'y vit pas figurer son nom ! Il en pleura des larmes amères. Il mourait et cette consolation suprême lui était refusée ! »

Arrivé à Paris, il entra immédiatement à l'hôpital de la Charité, puis alla à Saint-Louis que « quelques contrariétés » l'obligèrent de quitter, et, grâce à son éditeur, M. Bachelin, qui fut toujours pour lui un protecteur sûr et dévoué, il put entrer à l'hôpital Necker où, le 4 septembre 1864, il mourait à l'âge de vingt-cinq ans. On l'enterra le 7 septembre au cimetière Montparnasse en présence de « six hommes et d'une femme en grand deuil ». Les six hommes étaient MM. Bachelin, Saurin, Bonaventure, G. Staal, Albéric Second et Louis Ratisbonne.

Je ne crois pas que Lebailly ait eu beaucoup à se plaindre de ses confrères ; MM. Ratisbonne, Legouvé, Houssaye, Doucet, etc., lui vinrent en aide ; il reçut à l'hôpital la visite de M. de Lamartine et les encouragements de G. Sand, V. Hugo, J. Janin. A. Barbier, etc., ne lui firent jamais défaut.

« Des générosités de deux ou trois riches confrères, de quelques marchés avec son éditeur, surtout de la touchante offrande de M. Ernest Legouvé, il restait une pincée de pièces d'or à Armand Lebailly. Il l'envoya à un notaire de Gavray, avec ces lignes : « Je sens que je vais mourir. Achetez-moi un terrain perpétuel dans le cimetière de notre village. Je n'ai jamais rien possédé de mon vivant, qu'au moins je sois propriétaire après ma mort !...»

Son désir fut satisfait et grâce aux soins de son éditeur, M. Bachelin, Armand Lebailly repose aujourd'hui dans son pays natal.

MONTJOYE

Qui de nous ne l'a rencontré ces dernières années, errant dans les rues, sur les boulevards, le soir, dans les cafés, ayant sous le bras un carton rempli de dessins, mettant en loterie de petites ébauches à l'huile représentant des têtes de chiens, ou vous proposant d'une voix horriblement éraillée par l'ivresse, de faire votre portrait !

Il fit un jour le mien — lequel se profila, par je ne sais quelle bizarre fantaisie, dans le même médaillon, entre la silhouette de Marat et celle de Charlotte Corday.

Etrange !

Je ne sais qui, le marquis d'Urbin, je crois, (encore un type, celui-là !) lui avait trouvé à faire la décoration du salon de... de... je ne sais quel... *antre malsain* — dirait Glatigny : Montjoye rencontrant là bon gîte, bon souper... et le reste, s'y était résolument installé et paraissait devoir faire de la décoration de ce salon, l'œuvre du restant de sa vie.

Madame commençait à le trouver fatigant...

Mais il était si bon garçon et avait de si belles connaissances qui venaient là,... le soir...

Le plafond l'absorbait surtout ; il y avait mis un tas de petits nuages bleus du plus singulier effet, et à chaque angle — d'un nuage plus vaporeux que les autres, sortaient, gueule ouverte et langue pendante, des têtes de chiens de chasse. (La tête de chien était malheureusement la spécialité de Montjoye.) Qu'allait-il mettre au milieu du plafond ? Peut-être un cerf.....

Mais MADAME, justement indignée, le flanqua à la porte.

— Fallait peut-être faire des têtes d'anges, grommela Montjoye en descendant — de son rêve.

Un jour, il hérita ! (cela peut arriver à tout le monde) et l'on vit, spectacle étrange, Montjoye, bottes vernies, habit noir, ganté de frais, ne fréquenter plus que les grands cafés du boulevard.

Combien cela dura-t-il ? je ne sais ; mais il avait acheté une montre et n'ayant pas trouvé de chaîne à son goût, en avait fait faire une sur un dessin de lui ! — Hélas ! quand la chaîne arriva, c'était fini ; l'héritage avait filé et la montre avec !

Il retomba plus bas que jamais, jusqu'au jour où je lus dans un journal que la *Société des Auteurs dramatiques* l'avait fait entrer à l'hospice Saint-Louis ; il avait, du reste, depuis longtemps, disait le journal, besoin de suivre un traitement sérieux ; et cette même feuille, s'étonnant de ce qu'on ne l'avait pas reçu gratuitement, se livrait à quelques réflexions assez justes au sujet du *droit des pauvres* auquel certainement Montjoye avait plus donné qu'il n'en recevait actuellement.

Montjoye occupait une chambre au pavillon Gabrielle (l'administration de l'Assistance prétend que c'est très-recherché), et un *communiqué* signé Husson répondit au journal : « Si M. Montjoye veut s'exonérer de la charge qu'entraîne le bénéfice de son admission au pavillon Gabrielle, il peut demander à être traité dans les salles de l'hôpital : il y sera reçu gratuitement. »

. . . .

Montjoye avait fait de joyeux et gais vaudevilles, la *Panthère de Java*, l'*Homme entre deux airs*, etc., — Il ne faisait plus que de la déplorable peinture ; il avait eu l'esprit vif, alerte, — il était devenu grossier et lourd..... Devant quoi donc l'homme avait-il fui pour faire place à la bête.

Je retrouve dans une nouvelle de lui intitulée *Les Buveurs d'Absinthe* ces quelques lignes : « Vous ne savez pas qui je suis ? je suis un corps dont l'âme est partie en avant sans me dire où elle allait. Je ne sais ce que je veux et je n'ai plus qu'une force, celle de me tuer. Tout ce que j'ai aimé est mort; il ne m'est resté que moi et je n'ai pas le courage de m'attacher à si peu. Un instant je me suis vu bien près d'adorer un chien, mais il s'est chargé de me guérir de ma passion naissante en me mordant. Alors, j'ai aimé l'absinthe. »

Et il l'aimait, je vous assure !

Un jour que je l'avais emmené dîner, il ne put achever son potage ; son gosier semblait se contracter douloureusement au contact du bouillon, et c'est avec stupeur que je le vis repousser son assiette pour demander un verre d'absinthe dans lequel il trempa son pain découpé en mouillettes.

Du pain trempé dans de l'absinthe !!!

Avait-il lutté, avait-il combattu ?..... Je n'ai pas connu Montjoye assez intimement pour me prononcer.

. . . .

A l'âge où l'esprit se débat
Et cherche à voler jusqu'au faîte,
Il fuyait devant le combat
En se vantant de sa défaite !

Mais le regret et le dépit
De voir les vaillants à la tâche
Ne lui laissaient pas de répit
Et dans son cœur lui criaient : Lâche

Et pour que la voix du Passé
Par une autre voix fût couverte,
L'impuissant avait épousé
Ce qu'il nommait la Muse verte.

Paradis artificiel !
Dix ans, — pendant dix ans ! — l'épouse
Fit durer la lune de miel,
Car la goule immonde est jalouse.

Ce qui lui restait dans le cœur
D'espérances non violées
Se desséchèrent dans leur fleur
Ou fleurirent étiolées.

Et vieilli, courbé, l'œil éteint,
Sans intelligence et sans âme,
Il venait, portant sur son teint,
Les vertes couleurs de sa dame.

LA FOSSE COMMUNE

La Mort arriva :

Et devant l'abîme béant,
La voix par l'alcool éteinte,

Montjoye

.... dit : « je bois au néant ! »
En vidant un verre d'absinthe.

FERNAND TANDOU

M. Jean Larocque, un esprit un peu confus et qu'il faut trop souvent deviner, a fait précéder la 2ᵉ édition de son livre : *Niobé*, d'observations critiques dont quelques pages sont consacrées à Fernand Tandou. Il le cherche dans son petit volume : *Miettes d'amour*, signé Belligera, et y découvre un Tandou que le parti pris, — parti pris que je n'ai ici ni à louer ni à blâmer, — avec lequel est écrite la légende du livre, lui fait désirer et par conséquent voir.

Tandou, dites-vous, mon cher Larocque, vint las, exténué de l'éducation du temps, d'une vie sans horizons, *demander à l'asile de vos jeunes enthousiasmes un peu d'air, un peu de soleil.* Non, Tandou n'était ni las, ni exténué de l'éducation du temps, — il ne voyait pas si loin, et les préoccupations littéraires qui vous absorbaient, vous et quelques jeunes esprits de ce temps-là, l'eussent bien étonné, — je dis étonné..... sa légèreté et son insouciance se fussent servi d'un autre mot.

Quant à ses horizons, ils étaient bornés, c'est vrai (et le poète ne demandait pas à voir au-delà), —

mais bornés par Elisa, Lisette ou Lison (il ne sait même plus laquelle), dont l'haleine était une *fraîche brise*; par Céline qu'il appelle *sa tulipe orageuse*; par Nini, *ce joli Belzébut, qui devait devenir sa moitié entre l'absinthe et le potage;* par Eugénie, *qui ambitionne d'être fille de joie et de trôner au lupanar;* par Belle, *aux blonds cheveux bouclés;* par Valentine-Adolphe, *dont l'œil grand et le pied petit, l'ont plus d'une fois mis en appétit;* par Berthe, *pleine de mérite et d'appas;* par Maria, *qui de tous temps fut noceuse;* par Titine, *la vraie étudiante;* par la blondinette Héloïse, *dont la vue le grise* et Amandine, sa sœur, avec laquelle *il doit vivre* (il en tremble), *huit jours complets;* etc., etc... sans compter les inconnues, — celles dont il ne se rappelle plus le nom.

De temps en temps, au coin de l'œil, apparaît une larme, — la meilleure chose de son petit livre, — dont vous me paraissez tirer des conséquences un peu exagérées. Vous voyez une plaie ouverte cachée sous cette gaîté que vous qualifiez de factice et vous concluez : « C'est bien là le poète, le pauvre fou, l'homme voué au malheur et au suicide. »

Je sais bien que Tandou (comme toutes les natures bien douées, il sentait vivement), à de rares fois se reporte avec tristesse et amertume à des amours d'enfance, que même il écrit dans la ballade à Clara :

> Le jour fatal où prenant ses mains blanches
> Devant l'autel quelqu'un la conduira
> Plus d'un pendu fera plier les branches....

Je sais encore, comme l'a fait remarquer mon ami Octave Lacroix, que *Belligera* est l'anagramme de Gabrielle..... Gabrielle ! sa Laure, Sa Béatrix !... Non, plus simplement une jeune fille qu'il avait aimée dans son enfance ; mais pour quelques vers auxquels, nous qui savons que Tandou s'est pendu, nous attribuons un sens prophétique, combien d'autres je citerais qui me semblent prendre leur racine bien plus avant dans ce cœur léger et inconstant :

> Pour moi chaque fruit qui tombe
> Est un obstacle à ma mort,
>   Sans remord,
> Je laisse bâiller ma tombe,
> En croquant le fruit qui tombe.

Vous me direz que cette gaîté est factice..... je ne veux pas en dire autant de sa douleur ; mais toute vraie et toute sincère que je la croie, — dans l'instant où il l'exprime, — ce n'est qu'une impression fugitive et qui semble ne venir là que pour légitimer les amours qu'il chante. Il dit lui-même :

> Qu'il avive exprès sa souffrance
> Pour repartir ensuite plus léger
> Vers le pays de l'espérance.

Ne l'oublions pas, ce petit volume que vous avez parfaitement jugé (p. 95), et auquel son auteur n'attachait pas une grande importance, — bien qu'il ne faille pas prendre à la lettre, ou plutôt au mot, les poètes qui disent :

> O marmot que j'ai conçu,
> — Péché de jeunesse —
> Reste au moins inaperçu
> Dans ta petitesse.

n'oublions pas, dis-je, que ce volume, s'il se rattache à quelque école, appartient à celle de Musset où l'on ne sait jamais au juste si la gaîté et la tristesse ne sont que grimaces et où l'on croit à tout en faisant mine de ne croire à rien. Comme vous, je me fusse bien gardé de prononcer le nom d'Alfred de Musset, si M. Maxime Ducamp, — et dieu sait quel plaisir cela fit à Tandou ! — n'eût pas dit jadis : « Il y a dans ce talent du Musset, du Béranger, du H. Heine. »

Non, personne ne publie un volume, — prose ou vers, — avec le désir *manifesté* que ce volume passe inaperçu, et je ne saurais aucun gré à Tandou d'avoir été sincère en cette occasion. Quant à ce premier amour, qui, selon vous, le mena au suicide..... êtes-vous bien certain que ce soit celui-là ?... Vous reconnaissez vous-même *qu'il forma de nouveau ce rêve*, — et le dernier amour..... n'y serait-il pour rien ?

Pas plus que vous, je n'ai l'intention d'écrire ici quelles furent les causes, du moins les plus apparentes, du suicide de notre ami, mais ce que je conteste, c'est que ce premier amour tint une aussi grande place dans la vie de Fernand Tandou.

Vous ajoutez : cela se retrouve bien plus encore « dans ses confidences personnelles. »

Ah !... je n'ai plus rien à dire.

Mais voyez comme on peut se tromper ; p. 102,

vous dites : « Le poète amoureux se réfugia enfin dans l'activité de la vie, dans le travail. »

Voulez-vous que je vous dise comment il s'y réfugia : Tandou, qui faisait son droit, — nous avons vu avec quels professeurs, Clara, Héloïse, etc., — avait, par la publication de son volume de vers, mis le comble à l'indignation de son père. Les effets ne s'en firent pas attendre ; les vivres furent coupés (un moyen de l'Ecole des pères), et Tandou, qui venait d'attraper à la conscription un numéro... de poète, dut, le sac au dos, courir à la frontière, — non, ce n'eût rien été pour un poète, mais rejoindre paisiblement et tristement *son* régiment.

Il partit le cœur gros, il m'en souvient, et ne pensait ma foi guère à pleurer sur ses amours d'enfance ; sa première étape lui causait des chagrins bien autrement cuisants. Son père le racheta et l'envoya à Dijon terminer son droit. Tout allait bien, et Tandou, avocat, ne demandait pas mieux que de ne point exercer à Paris, où il était revenu et où il trouvait la vie fort douce ; mais son père, qui n'entendait pas de cette oreille, l'obligea à entrer dans les affaires. Je me le rappelle, tout triste, tout ennuyé, cherchant mélancoliquement dans quelle carrière commerciale il allait se... (vous voyez bien que je ne puis pas employer le mot *réfugier*), se jeter ; toutes lui étaient indifférentes, ou mieux il n'en aimait aucune, cependant celle de libraire, — à cause des livres qu'il chérissait, lui parut plus supportable que les autres et, pendant une soirée, nous feuilletâmes ensemble l'Almanach des 25,000 adresses, cherchant à travers les maisons de librairie celle qui allait recevoir ses capitaux.

Devenu libraire, il fut sérieux et montra un sens commercial que personne ne lui soupçonnait; le travail semblait lui avoir tout fait oublier. « Beaucoup de ses amis eux-mêmes y furent trompés... » Oui, vous croyez toujours à ce fatal premier amour. Nous devons ajouter cependant qu'il se maria, qu'il devint éperdument amoureux de sa femme et..... vous savez le reste. Je vois encore flamboyer devant moi ces deux lignes qui m'apprirent sa mort : L'éditeur F. Tandou, auteur d'un volume de vers intitulé : *Miettes d'amour*, qu'il avait publié sous le pseudonyme de F. Belligera, a été trouvé pendu dans son salon. On ignore, disait sagement ce journal, les causes de ce suicide.

Pauvre Tandou! Il n'avait pas trente ans!

Il y a de l'esprit, de la facilité, de la grâce dans son petit volume et... voilà tout ; puis, comme dit l'auteur :

> Qu'il vous ennuie ou qu'il vous charme,
> Ce petit livre ne fut fait
> Que pour essuyer une larme....
> — Après tout, est-ce un grand forfait ?

PRIVAT D'ANGLEMONT

Le 18 juillet 1859, je recevais de mon ami Horace, alors interne à la maison municipale de santé du faubourg Saint-Denis, ces deux mots : *Si tu veux voir une dernière fois Privat, hâte-toi, il n'est que temps. — Dis-le à Duchesne.*

. . . .

Privat est beaucoup trop connu pour que je m'étende longuement sur ce singulier personnage, un des bohêmes qui ont eu le plus de couleur, de relief, d'originalité..... Son beau temps, — son Louis XIV, comme il disait — avait été de 1835 à 1848; quand je connus Privat, c'était fini. Le vieux bohême (ah! dame, on vieillit vite dans ce pays-ci), usé par ses fréquents voyages aux régions mystérieuses qu'il a si bien décrites dans son livre des *Petits métiers* et des *Industries inconnues*, était devenu, moitié de gré, moitié de force, une sorte d'habitué d'hôpital — on ne pouvait l'en faire sortir.

On lui prête — par cette vieille raison qu'on ne prête qu'aux riches — les aventures les plus incroyables, des mystifications étonnantes et quelques tours..... que feu Villon n'eût pas désavoués, ce qui n'empêchait pas — au contraire — Privat d'avoir de l'esprit et un réel talent d'observation. Comme ombre au tableau, ajoutons que l'idée seule d'un effort lui faisait peur; il était mou, nonchalant comme un vrai créole qu'il était et dont il avait toute l'insouciance et tout l'engourdissement.

Privat mourut dignement, en pleine connaissance de lui-même, et je me rappelle encore la tête ébouriffée de Michel Masson nous apprenant avec douleur que nous n'irions pas à l'église, — la volonté de Privat ayant été expresse sur ce point.

Et quand le convoi fut arrivé au boulevard extérieur, je vis avec stupeur Baptiste — le garçon de la Brasserie — nu-tête, en petite veste, souliers décolletés et tablier relevé à la ceinture, se glisser dans le cortége : — Vous m'excuserez, me dit-il en arrivant au cimetière, si je suis venu en costume, mais le patron n'a pas voulu me donner de permission, et j'ai dû m'échapper..... J'aurais mieux aimé perdre ma place que de ne pas accompagner jusqu'au bout un homme comme celui-là!

Maintenant, que citerai-je de Privat? Un de ses innombrables mots, tous plus connus les uns que les autres; raconterai-je l'histoire — tant racontée déjà — de la chemise et de l'actrice, la mystification faite au bibliothécaire de Caen, celle à l'apôtre Jean Journet, ses farces au sujet de *sa collaboration* à la *Revue des Deux-Mondes*, l'histoire de la petite fille blonde et de M. Havin, etc., etc.; — non, ma foi, en tant que reédition, je préfère encore donner celle de son sonnet à la Dubarry, sonnet qui prouve que ce brave Privat était poète aussi, à ses heures :

> Vous étiez du bon temps des robes à paniers,
> Des manchons, des bichons, des abbés, des rocailles,
> Des gens spirituels, polis et cavaliers,
> Des filles, des soupers, des marquis, des ripailles.
>
> Moutons poudrés à blanc, poëtes familiers,
> Vieux Sèvres et biscuits, charmantes antiquailles,
> Amours dodus, pompons de rubans printaniers,
> Meubles de bois de rose et caprices d'écailles.
>
> Le peuple a tout broyé dans sa rude fureur.
> Vous seule avez pleuré, vous seule avez eu peur,
> Vous seule avez trahi votre fraîche noblesse ;
>
> Les autres souriaient sur les noirs tombereaux
> Et tués sans colère, ils mouraient sans faiblesse ;
> Mais vous seule étiez femme, en ce temps de héros.

Je ne le relis jamais sans plaisir.

MAX BUCHON

Un Franc-Comtois pur-sang que celui-ci; il venait rarement à Paris et passait son temps à parcourir son pays afin de recueillir les Noëls et autres chants populaires. Je l'ai rencontré maintes fois, sac au dos et bâton à la main, allant de ville en ville, de libraire en libraire, demandant à cor et à cris des vieilles poésies, réchauffant le zèle des tièdes, activant la vente de ses livres... non pour ce qu'ils devaient lui rapporter, mais pour pouvoir en publier d'autres.

Travailleur infatigable, jamais découragé, toujours prêt, toujours debout, il fallait l'entendre raconter avec un sourire ironique de quelle manière le recevait la bourgeoisie épaisse et lourde de cette province. (Ce sont tous des horlogers et rien que des horlogers, clâmait Pelloquet en ses jours d'indignation!) Je ne sais si vraiment l'horlogerie leur tient tant au cœur, mais en tout cas ce n'est pas la littérature de leur pays; ce pauvre Buchon devait arracher un à un et par lambeau ces débris d'un passé dont la Franche-Comté pourrait être plus soucieuse. Dans la Haute-Saône, disait Buchon, je n'ai absolument rien pu obtenir.

Et malgré tout, Buchon croyait en son pays, et il y croyait bien. Comme il s'écriait joyeusement : Tiens, vous êtes Franc-Comtois ! Il en avait plein la bouche, on eût dit qu'il mangeait des *gaudes* :

> Dans la Franche-Comté, quand un enfant morveux,
> Comme un prédicateur, tempête, brame et crie,
> Sa mère le dorlotte et lui dit : je t'en prie,
>   Dis-moi ce que tu veux.
> Veux-tu mon collier vert avec ses émeraudes ?
> Veux-tu le noir coucou qui chante au fond des bois ?
> Non : dit le jeune enfant, dit l'enfant franc-comtois :
>   Je veux manger des gaudes.

Buchon, outre ses *Noëls et chants populaires de la Franche-Comté*, son *Fils de l'ex-maire*, etc., a laissé un tout petit livre intitulé : *Poésies Franc-Comtoises*, que je recommande tout particulièrement aux curieux, car Buchon était un vrai poète, bien qu'un de ses compatriotes ait dit de lui qu'il fagotait la muse en vachère franc-comtoise.

Eh bien !... s'il lui fait des enfants et de vrais enfants, où est le mal ?

> Que l'on fasse après tout, un enfant blond ou brun,
> Pulmonique ou bossu, borgne ou paralytique,
> C'est déjà bien joli que d'en avoir fait un.

a dit Musset, et les enfants de Buchon ne sont, ma foi, ni bossus ni paralytiques : ils sont, il est vrai, quelque peu morveux, leur chemise (leur *pantet*, comme on dit là-bas) passe par derrière à travers leur pantalon qui n'est retenu que par une ficelle, ils courent sur la route, pieds nus, tenant à la main leurs sabots, se mouchant sur la manche de leur veste et se prenant aux cheveux avec leurs frères et sœurs pour avoir la *râsure des gaudes* — ces bonnes gaudes franc-comtoises ! Mais aussi, comme ces polissons-là sont sains et robustes, quelle fraîcheur et quelle santé ! que leur mère soit fagotée comme elle voudra, les enfants de Buchon n'en sont pas moins de bons et beaux enfants !

Chaque pièce de poésie est un petit tableau champêtre, charmant de simplicité ; comme Auerbach, comme Hébel qu'il a traduits, Buchon s'attaquait hardiment à l'interprétation de la vie rustique et touchait juste très-souvent. *La Fournée*, *La Foire*, *La Lessive* sont d'excellentes études de la vie au village, pleines de rondeur et de franchise, mais un peu chargée de détails...

Je ne puis citer aucune de ces pièces à cause de leur longueur ; voici toujours quelques strophes de *La Veillée* :

. . . .
A peine est-il assis, qu'en sabots pleins de neige
Entre, comme entrerait un cheval au manége,
Un beau joyeux gaillard, à l'œil vif, au teint clair,
Qu'on attendait fort bien, mais sans en avoir l'air.

Devant le poêle il plante aussi son escabelle
En saluant d'un mot les parents et la belle :
— « Bonsoir ! ouais ! Quelle neige et quel horrible vent !
C'est vraiment à ne pas mettre un chien là devant.

— Un chien ! non. Mais toi, si ! qu'il paraît ! — Ho ! qu'im-
[porte !
Tenez, maman, voilà des pommes que j'apporte,

Pour qu'aux vôtres l'on puisse les comparer
Voyons si de ma poche on pourra les tirer.

Tiens, donne celle-là, petite, à la grand'mère,
C'est de notre pommier, là-bas, vers chez le maire ;
Vous savez. Et vous donc, Jeannette, puis-je aussi
Vous offrir pour goûter, cette superbe-ci ?

Eh bien, père, bat-on ce soir un peu les cartes ?
Mais alors, de la lampe, il faut que tu t'écartes,
Bambin ; c'est moi qui vais te mettre au lit ; attends !
Les poules de ton âge y sont depuis longtemps.

Et des rêves dorés qui l'assaillaient en masse,
L'enfant s'éveille avec une affreuse grimace,
Surtout, quand par prudence, avant de l'emballer,
Sur le pot, en chemise, on prétend l'installer.

. . . .

Je sais bien que la *critique morose* va s'écrier : cet enfant a beau être sur le pot, il manque d'élévation. Mon Dieu, je laisse l'enfant où il est, par prudence, comme dit M. Buchon, mais cela n'empêche pas qu'il y a sous cette apparente trivialité, dont les délicats à courte vue se disent blessés, un sentiment vif et juste des choses, sentiment qui trouve souvent une expression pleine d'une grâce simple et touchante. Ne travaillant jamais de *chic* — comme disent MM. les peintres — mais toujours d'après nature, Buchon faisait vrai, son défaut était de s'arrêter un peu trop aux détails qu'il mettait tous au premier plan, sans plus se soucier de la perspective.....

Il est mort avant d'avoir dit son dernier mot.

ALPHONSE DUCHESNE

— Il était venu à Paris avec l'inévitable volume de vers : *Les Chants d'un oiseau de passage*, orné (et ceci rendait le cas beaucoup plus grave) du portrait de l'auteur en lunettes ?

— Mais ça ne s'achète pas, ces choses-là ! avait dit Murger. Or ceci était rigoureusement vrai, et Duchesne en fit la cruelle expérience. C'est du reste une œuvre de jeunesse sans autre valeur que l'indication de l'esprit futile, léger et variable qui toute sa vie anima Duchesne ; il y a là des vers adressés à la duchesse d'Orléans :

> Il est beau d'être mère et d'avoir sous sa garde
> Un enfant dont le nom monte dans la mansarde,
> Se dit bas dans les clubs et court dans les salons ;
> Il est beau d'élever qnelque lis des vallons
> Qui parfume à la fois et le trône et la tombe
> Il serait beau surtout que la frêle colombe
> Avec son doux amour couvât un nid d'aiglons !
>
> Juin 1845.

Puis, de la première page à la dernière il n'est question que de Dieu !.... « Souvent, dit-il, je me suis fait d'un insecte, d'une fleur, d'un caillou, des échelons pour monter à Dieu. — …. En aimant la nature, j'ai aimé Dieu, en aimant Dieu, j'ai idéalisé l'existence — … Puisque toute chose est tirée de Dieu, il faut bien que son souffle, c'est-à-dire lui-même vive en tout — ….la poésie console des hommes par Dieu » et il s'écrie :

> D'amour et de Ciel je m'enivre,
> Alors je ne suis plus moi-même
> Je vis en Lui, Lui vit en moi,
> En aimant son être, je m'aime ;
> Par l'amour j'arrive à la foi,
> Indifférente à la matière,
> Alors mon âme tout entière
> Dans la sienne va s'abymer ;
> En Lui, de Lui, par Lui, je pense,
> Et qu'importe la récompense ?
> Je ne l'aime que pour l'aimer.

Cependant le portrait à lunettes lui ouvrit les journaux de modes, et 1848 le trouva chroniquant paisiblement dans *le Journal des femmes* de Mme Juliette Lormeau ; puis il travailla pour le bibliophile Jacob, devint employé chez Mirès qu'il quitta pour collaborer au *Sire de Franc-Boisy*, au *Diable boîteux*, à *l'Harmonie*, au *Rabelais*, à *la Petite Presse* (de Vaudin), à *la Printanière*, fit le rêve — comme tout le monde — d'une comédie en 5 actes et en vers pour le Théâtre-Français et entra au *Figaro* dont il devint le collaborateur assidu. Chroniques, critique, variétés, entre-filets, réclames, il mit la main à tout pendant onze ans et le 14 juin 1870, j'appris en ouvrant le journal que *la famille du* Figaro *venait de perdre l'un des siens.*

« Notre ami et collaborateur Alphonse Duchesne est mort hier, à quatre heures de l'après-midi. Il avait 45 ans.

» Depuis longtemps, il luttait contre le mal avec un courage admirable ; mais, hélas ! ses souffrances lui laissaient bien peu de trêve et l'écartaient de notre labeur quotidien.

» Il y a quinze jours, il eut comme une espèce d'accalmie et nous donna un article qui parut l'autre semaine, — le dernier qu'il ait médité et écrit, car, le soir même, atteint d'une fluxion de poitrine, il s'alitait pour ne plus se relever.

» Lorsqu'on vint apprendre à M. de Villemessant que notre pauvre collaborateur était aussi grièvement atteint, il voulut l'aller voir, et nous partîmes ensemble.

» M. de Villemessant avait autant d'affection que d'estime pour ce fidèle compagnon, qui depuis plus de quinze ans avait suivi dans toutes ses phases la fortune du *Figaro*. Bien que leurs opinions fussent séparées par un abîme, jamais l'ombre d'un froissement n'avait altéré cette sincère et vivace amitié.

» Au moment de monter chez Duchesne, M. de Villemessant hésita, et, craignant d'effrayer le malade par cette visite insolite, il préféra me laisser lui porter tout seul des paroles d'amitié et de consolation.

» Le pauvre malade faisait des projets, il souriait encore à la vie qui s'en allait ; il escomptait l'avenir, qui pour lui, n'était plus que de deux ou trois jours.

» — Mon ami, me dit-il, il faudra que j'aille passer un an au bord de la mer; on m'expédiera mes livres de Paris, je renverrai des articles, et à ce propos, je suis vraiment désolé : l'autre jour, je fais un article de rentrée, et me voici de nouveau malade.

» Je le rassurai en lui proposant la note qui a paru l'autre matin; il fut enchanté et je lui serrai la main, inquiet et presque rassuré pourtant, presque gagné par cette confiance qui le rattachait à la vie.

» Je ne devais plus le revoir vivant; hier on nous a apporté la fatale nouvelle. » (F. Magnard).

« Alphonse Duchesne avait des opinions très-arrêtées et très-avancées en politique, mais si ses principes étaient tout d'une pièce, ses mœurs polies et conciliantes avaient des jointures. » (B. Jouvin).

En effet, lesdites jointures lui permirent pendant onze ans d'être à peu près l'homme-lige du *Figaro* et lui procurèrent le singulier avantage d'être réclamé par le *Réveil* au nom de la démocratie radicale et en même temps d'être pleuré par M. Francis Magnard qui, sur sa tombe, « traduisit dans une brève improvisation, les regrets poignants et le vide considérable que Duchesne laisse parmi la rédaction du *Figaro*. »

Vrai signe des temps.... des temps agités, au milieu desquels nous vivons et où non-seulement les intelligences s'obscurcissent et se troublent, mais où les caractères s'effacent et se dégradent.

CHARLES VALETTE

Deux ans avant de mourir, Charles Valette recevait d'Hauteville-House une lettre signée *Votre ami*, VICTOR HUGO dans laquelle il était dit — entre autres : « Je ne sais, Monsieur, par où commencer. Votre idée est charmante et votre sonnet est superbe..... Vous êtes un poète exquis doublé d'un ferme et généreux écrivain..... Je reviens, M. Charles Valette, à vos nobles vers. L'âme y est, le cœur aussi. Ils m'ont ému dans mon désert : je vous serre la main, courage : le grand souffle est en vous. » Et quand Charles Valette fut mort, M. Adolphe Dupeuty s'écria : « c'était un convaincu, un poète de grande foi et qui aurait eu du talent. »

. . . .
. . . .

Je n'ai connu Valette que quelque temps avant sa mort ; ses yeux brillaient de cet éclat fiévreux particulier à ceux que doit emporter la phthisie ; le régime qu'il suivait alors ne devait pas le mener loin.... ; — il venait de publier un petit volume, *les Filles d'Eve*, frêle bagage de 534 vers qu'il adressait à *toutes les femmes de l'univers*, et non, je vous assure, aux critiques moroses dont il se méfie quelque peu, bien qu'il ait l'air de n'en avoir aucun souci :

> Que mon livre soit délaissé
> Par tous les critiques moroses,
> Qu'importe ? si par vos doigts roses
> Il est quelquefois caressé.

et plus loin :

> On peut bien sur mes vers dire ce qu'on voudra,

un méchant vers de toutes les façons.

En deux mots, voici le poème de *Fernande* : Fernande est une fille qui, ayant fait sagement des économies, se trouve dans l'heureuse situation de pouvoir rendre à un de ses anciens amants tout ce qu'autrefois il a fait pour elle ; en d'autres termes, elle l'entretient le plus richement qu'elle peut et ce couple vit heureux et paisible, lorsque la donzelle s'amourache d'un poète dont son amant lui fait faire la connaissance ; — je vous dirai tout à l'heure dans quelles circonstances. Fernande, qui croit à la rédemption, cherche à se refaire une virginité avec son poète, quand au bout de huit jours celui-ci s'enfuit à la vue d'un cheveu blanc, d'un seul ; Fernande, désespérée de voir l'amour partir et la vieillesse arriver, meurt de douleur. C'est tout.

Ce poème débute par un marivaudage entre Fernande et son amant — l'ancien, celui à qui elle rend la pareille ; il lui fait mille compliments, lui dit combien elle est encore jeune et belle.

Fernande, qui le connaît, lui répond simplement :

> — Albert, où prenez-vous cette galanterie?
> D'ordinaire, méchant, vous me flattez fort peu.
> Parlons avec franchise et sans plaisanterie,
> Vous venez m'emprunter dix louis pour le jeu.
>
> Je vois qu'avant un an si je ne vous arrête,
> Vous mangerez le fond avec le revenu....
> Eh bien ! voici ma bourse, Albert, je vous la prête,
> Si vous me présentez à ce bel inconnu.

A quoi le particulier — dont on ne peut vraiment pas dire qu'il n'est ni chair ni poisson — fait quelques sages objections :

> — Y pensez-vous, Fernande? un poète, un artiste,
> Monsieur Julien Robert, un philosophe, un fou.
> Qu'il soit fier ou joyeux, qu'il soit rêveur et triste,
> Il méprise la femme.... et n'a jamais le sou.

Fi, en voilà bien assez.

C'est encore à peu près dans le même monde que se déroule le petit poème de *Marie et Marion*. Lui, le

> Poète ami des champs et de la solitude,

(en est-il bien sûr?) entre un soir dans un bal de barrière par le plus grand des hasards, car il ajoute:

> Quel désir, quel caprice en ce lieu m'appelait?
> Mais sans doute cherchant quelque sujet d'étude,
> Pour mieux sentir le beau, je voulais voir le laid,

et ce qui est plus vrai :

> Sans doute de ses sœurs mon âme séparée
> D'en trouver une enfin, gardait un vague espoir.

O bonheur, il rencontre cette âme sœur et la sauve du gouffre en l'emmenant immédiatement chez lui ; mais le lendemain, elle disparaît et le

> Poète ami des champs et de la solitude,

ne la retrouve que longtemps après au bal de l'Opéra ; seulement ce n'est plus Marie, elle s'appelle Marion et est la reine du bal :

> Prends-moi comme je suis.... viens ! je suis harassée,
> Je t'aime et j'ai grand faim. — Poète, allons souper !

lui dit son âme sœur ; et c'est la fin et la morale du poème.

. . . .

Charles Valette est mort très-jeune ; néanmoins, on peut se demander quels fruits aurait donnés l'arbre qui portait de pareilles fleurs ? et sincèrement l'heure de Charles Valette aurait-elle jamais sonné ?

ANTOINE GANDON

J'ai visité, disait Gandon, l'Europe, l'Afrique, l'Amérique, un peu l'Asie, et je n'ai pas rencontré un seul ennemi ! — et il fallait alors l'entendre narrer longuement, longuement ses voyages et ses aventures. Il était né, disait-il, le 26 juillet 1812 au moment même où un boulet russe coupait en deux à Smolensk son frère aîné ; et en 1814, la bonne femme à laquelle il était confié, ayant été tuée par les Cosaques, il resta abandonné pendant 48 heures dans les bois de Seine-et-Marne.

Comment se tira-t-il de là ? Nous n'en savons rien, Gandon n'ayant jamais voulu édifier là-dessus une de ces prodigieuses aventures dans lesquelles il mettait si bien au pis le destin contraire. C'était aussi un gaillard à se tirer de dangers plus difficiles encore que celui-là, grâce, du reste, à la Providence qui avait béni M. Gandon père... — elle lui avait donné 28 enfants, 10 d'un premier mariage et 18 d'un second. Un peloton de manœuvre dans la cavalerie s'écriait Gandon :

24 hommes dans le rang (y compris quatre brigadiers).

2 sous-officiers.
1 trompette.
1 officier.

La Providence, dis-je, veillait sur lui. Il fut soldat, lancier, je crois, puis chasseur d'Afrique, secrétaire de Philarète Chasles, *médium* en Amérique, rédacteur du *Courrier des États-Unis*, etc.; puis à 46 ans, il publia les *Souvenirs d'un vieux chasseur d'Afrique*, ouvrage qui fut suivi d'un *Grand Godard*, d'un *Brigadier Flageolet*, d'un *Jean Gigon*, d'un *Oncle Philibert*... je ne sais plus quoi au juste. Ses ouvrages obtinrent quelque succès, toujours grâce à la Providence dont rien ne démontre davantage l'impénétrabilité des vues.

En 1862, Gandon fit un petit héritage et ses amis espérèrent un instant que le *vieux chasseur* allait cesser d'écrire. . . . .
. . . .

Il est encor de beaux jours pour la France
Car désormais Gandon n'écrira plus,

chantait Pothey. Mais Gandon écrivit, écrivit toujours et il écrirait encore si l'Implacable n'était venue le prendre, en pleine gloire littéraire, disait amèrement Gandon, car ce vieux chasseur d'Afrique *croyait que c'était arrivé*, ce qui ne l'empêchait pas d'être un excellent homme et d'avoir un nez prodigieux. On prétendait, et cela lui était douloureux, qu'il avait en Afrique, rien qu'en se mettant de profil, sauvé un escadron dont il avait caché la présence à l'ennemi. Pothey qui ne sut jamais respecter nos vraies gloires (tu verras, mon vieil ami, que par un juste retour des choses d'ici-bas, on ne te respectera pas toi-même !) avait chanté ce nez en des couplets restés célèbres :

> Ah ! le beau piton
> Ton, ton
> Qu'il a Gandon !
> , etc.

ELIACIM JOURDAIN

Ses amis le traitaient familièrement de Gœthe, de Shakespeare, d'Ossian... que sais-je ?

Eliacim Jourdain c'est l'homme-cathédrale,

a dit je ne sais lequel des Des Essarts, et quand l'homme-cathédrale venait à Paris pour assister aux séances de la *Société des gens de lettres* dont il était si fier de faire partie, Charles Coligny le promenait de cabarets en cabarets en déclamant la *Ballade d'Eliacim* :

> Connaissez-vous en Normandie
> Un fils merveilleux d'Aladin ?
> Aussi grand qu'une tragédie,
> Dont la muse est une Lydie,
> Le barde Eliacim Jourdain.

Et Eliacim Jourdain ouvrait sa grande bouche édentée, riait niaisement et vous demandait si vous n'aviez pas lu sa *Comédie normande*, mystère en 23 actes, en prose et en vers, formant un volume de 668 pages et renfermant plus de 200 personnages, ou quelqu'autre des 80 romans, pièces de théâtre, etc., échappés à son pauvre cerveau par la fêlure qu'y entretenaient soigneusement les intimes de ce malade.

Il s'appelait de son vrai nom Séraphin Pélican, ce qui n'avait rien de shakespearien et était secrétaire de la mairie de Dieppe, position honorable mais qui, non plus, n'a rien de très-ossianesque ; son œuvre est un entassement prodigieux et incohérent de bouffonneries, de banalités, de calembours, d'insanités de toutes sortes qui sont beaucoup plus tintamaresques que titanesques — c'est Charles Coligny qui dit titanesques ! C'était un excellent homme dans la vie privée, mais un grotesque en littérature, voilà tout] (et non pas un extravagant), auquel la vanité était loin d'être étrangère. Il réimprimait à ses frais les articles où il était question de lui et allait même jusqu'à reproduire *son nom seul* extrait du sommaire d'un journal.

Jamais vit-on vanité plus féroce et plus ridicule !

Quand ce pauvre auteur *épopéen* mourut, je crus qu'on allait laisser tranquille Shakespeare, Gœthe, Ossian et les autres, mais non... M. Claretie, dans cette prose d'épitaphe commune et banale, dont malheureusement il n'a pas seul le secret, s'écria : Il y avait du Gœthe et du Shakespeare dans cet homme qui laisse 375 sonnets, des drames, etc...

Voilà un de ses sonnets !... Il prouvera au moins que cet employé de mairie, qui n'avait *de bohême* et *d'excentrique* que son ami Coligny, était, comme l'a dit M. Paul Ferry, (encore un qui prétendait avoir le vertige quand il se penchait sur l'œuvre d'Eliacim Jourdain) *très apte aux affaires et aux choses de la vie* — en même temps qu'il donnera au lecteur une juste idée de ce talent shakespearien, ossianesque, etc.

SONNET

A LL. AA. II. le prince Napoléon et la princesse Clotilde.

> Sois le bienvenu sur la terre,
> Impérial petit enfant,
> Joie, orgueil, bonheur de ta mère,
> Et de ton père triomphant.
>
> Petite créature chère,
> Du Seigneur visible présent,
> Ton nom est encore un mystère
> Pour la muse au suave accent.
>
> Où m'emporte la poésie !
> Ton nom est écrit dans le ciel :
> Napoléon-Emmanuel !
>
> Napoléon, nom de génie,
> Emmanuel, nom de l'honneur :
> Ce nom te fait deux fois vainqueur !

Je suis peut-être bien sévère pour ce bon Séraphin Pélican qui, talent à part, était un brave garçon...; mais aussi, la faute n'en est-elle pas aux Des Essarts de toutes sortes que j'ai rencontrés bourdonnant autour de lui.

ALBERT GLATIGNY

— Quand tu me mettras dans ton livre des *Derniers bohêmes (avec un sourire)*... oh ! plus tard, dans une édition revue et considérablement augmentée, ne me continue pas cette scie qui m'a si souvent exaspéré et qui m'exaspère encore tous les jours ; ne dis pas, je t'en prie, comme tant d'autres, que je pouvais gagner largement et commodément ma vie à Paris, au milieu de mes amis, au centre du mouvement artistique et littéraire, mais que j'ai toujours préféré, pauvre, obscur, courir de bourgade en bourgade pour jouer la comédie et recommencer éternellement le *Roman comique*.

Non, personne plus que moi ne déteste la vie folle et vagabonde que le sort m'a faite ; j'ai des goûts de bon bourgeois et j'adore la vie douce et tranquille de la famille ; ce n'est que poussé par la misère, que je m'envolais vers la province pour m'y faire siffler outrageusement et non pour obéir à une malheureuse vocation... comme le disent tous ces farceurs.

Et la preuve, la preuve c'est qu'aujourd'hui où je gagne quelques sous, où j'ai une pièce ici, une pièce là, tu vas voir quelle vie rangée je vais avoir ; j'habiterai Montpellier pendant l'hiver (je ne me souviens plus des motifs qui lui avaient fait choisir Montpellier), et je passerai tranquillement l'été à Sèvres où, heureux, avec ma femme et quelques amis, je ne penserai jamais sans frissonner un peu, à la vie de bohême que la misère me fit mener trop longtemps.

Ce soir là, il allait dîner rue de Larochefoucauld, chez Victor Hugo et avait un vêtement de couleur claire ; un cache-nez d'étoffe blanche lui enveloppait le cou, et de ce foulard sortait ce visage long, pâle, amaigri, avec ces deux grands yeux noirs brillant d'un éclat fiévreux.... c'était étrangement triste : — PIERROT POITRINAIRE !

On me permet de fumer un peu, disait-il ; et sa pauvre poitrine se fatiguait après un cigare qui menaçait à chaque instant, — comme son possesseur du reste, — de s'éteindre pour toujours.

Et nous parlions de ce volume où pour y figurer, le pauvre garçon n'a pas eu à attendre une édition *revue et considérablement augmentée* ; — n'as-tu pas oublié celui-ci ? me disait-il, et celui-là, figure-toi qu'il ne se croyait pas malade, il était comme ils sont tous, plein de projets, de visions d'avenir, bâtissant sans cesse.... (*après un silence*) Oh ! moi, je vais tout-à-fait bien maintenant ; ah ! il y a eu un moment.... mais c'est fini aujourd'hui, et puis j'ai un médecin excellent :

> Et ces chants cascadeurs et fous où je m'amuse
> Seront bientôt suivis d'autres, en vérité !

> Le docteur Desfossez, en auscultant ma muse,
> Est resté stupéfait de sa forte santé.

Je fais toujours tirer sur grand papier vélin deux exemplaires de chacun de mes volumes, le premier c'est pour ma femme, et le second pour le bon docteur... A propos, je ne t'ai pas envoyé mon dernier: *Gilles et Pasquins*, non, eh! bien tu l'auras demain.

Et en effet, quelques jours après, je recevais ce volume dont je lus avec un douloureux sourire les premiers vers :

> Plus tard, vieux rossignol sans gosier, vieux poète,
> Noyé dans un habit d'académicien,
> J'irai, lugubre à voir, triste et hochant la tête,
> Rabâchant vaguement quelque propos ancien.
>
> En ce temps-là j'aurai, sur bien des tombes closes,
> Prononcé de pompeux discours très-applaudis,
> Et je rebuterai, par mes dehors moroses,
> Les poètes nouveaux, ces merles étourdis.

Folie ! folie ! il est mort au mois d'avril dernier à l'âge de 34 ans.

Du reste il avait dit, treize ans auparavant, alors qu'on se sent assez jeune et assez fort pour parler de sa fin prochaine, sans cependant pour cela, en croire un traître mot :

> J'appartiens à jamais au farouche idéal
> De la beauté physique et de l'amour sans bornes,
> Et je vais sur le monstre au vol lourd et brutal,
> A travers les édens et les horizons mornes.

> Je sais bien que la mort est au bout du chemin,
> Qu'il me faudra cracher mes poumons, que l'espace
> S'écroule. . . . . '. . . . .
> . . . .
> . . . .

Fils, neveu et victime de gendarme, comme signait en riant, ce poète dont on connaît l'odyssée douloureuse en Corse, et qu'il a si bien racontée sous ce titre : *Le jour de l'an d'un vagabond*, Glatigny s'était fait lui-même ; il procédait de Victor Hugo et surtout de Théodore de Banville, mais apportait quelquefois dans sa poésie une étrangeté, une hardiesse d'allures en même temps qu'une chaleur d'impression et un entraînement que l'on ne trouve pas toujours chez ce dernier. On sent passer à travers certaines poésies de Glatigny, le souffle de Régnier, de Ronsard..... mais toutes sont loin d'avoir une égale valeur ; trop souvent le poète sacrifiait la pensée à l'amour qu'il avait pour les rhythmes sonores, pour les couleurs brillantes, et, maintes fois, le lisant, j'ai pensé à ce que Henri Heine disait à un de mes amis, à Max Buchon : Toutes les réflexions solitaires que je fais, depuis sept ans, dans mon lit de douleur, sur cette question de marquetterie syllabaire, m'ont amené à découvrir que la versification est un pur enfantillage, et si je m'amuse encore néanmoins à enfiler des syllabes, comme les enfants enfilent en automne des baies d'églantier pour s'en faire des colliers rouges, c'est à titre de simple passe-temps, ne pouvant faire autre chose.

Lamartine pensait de la même façon, et s'en est

expliqué jadis dans son *Cours familier de littérature* d'une manière très-nette et très-précise.

Quoi qu'il en soit, Glatigny avait du talent ; le vers lui était extraordinairement facile, et son habileté d'improvisateur étonna le bourgeois et lui donna le succès qu'on marchandait à ses véritables poésies ; Adrien Marx, et d'autres gens de lettres — de même farine — lui furent doux et sonnèrent de la trompette pour faire tomber quelques sous dans son escarcelle ; quant à Victor Hugo, il écrivait au *doux pitre*, (c'était le nom que se donnait Glatigny) : « Vous avez, cher poète, un auditeur lointain, mais attentif, c'est moi. Il y a un écho pour vous dans mon désert. Je viens de lire de charmants vers créés d'emblée par vous. Les rimes qu'on vous jette, en s'envolant vers vous, deviennent des langues de feu..., etc. »

Langue de feu est peut-être excessif. . . . . . .

Voici les quatre premières :

> Je fus pendant longtemps de cet art *satellite*
> Et j'ai suivi le char tragique avec *excès :*
> Mon amour pour cet art était mon seul *mérite*
> Mon orgueil, un beau jour, creva comme un *abcès.*
> . . . .
> . . . .

J'aime mieux Glatigny que cela ; et, sans parler davantage de ses improvisations non plus que de son évolution républicaine, évolution que je crois très-sincère, je préfère vous citer la pièce de *Maigre vertu* qui me paraît donner une idée, aussi juste que possible, de la poétique du *doux pitre* dont il s'agit ici :

MAIGRE VERTU.

Elle a dix-huit ans et pas de poitrine,
Sa robe est très close et monte au menton ;
Rien n'en a gonflé la chaste lustrine,
Elle est droite ainsi qu'on rêve un bâton.

Son épaule maigre a des courbes folles
Qui feraient l'orgueil des angles brisés ;
Ses dents en fureur dans leurs alvéoles
Semblent dire : Arrière !... au chœur des baisers.

Ses yeux sont gris, troubles et des sourcils rares
Ombrent tristement un front bas et plat
Qu'oppriment encore des bandeaux bizarres
De petits cheveux châtains sans éclat.

Heureux qui fera tomber les ceintures
De cet angélique enfant ! O trésor,
Qui fait des sirops et des confitures
Telles que jamais on n'en fit encor !

Ça n'a pas de cœur ! — la moindre fadaise
La fait aussitôt rougir jusqu'aux yeux,
Et de sa figure atone et niaise
Rien ne déride l'aspect soucieux.

Sa mère en est fière et se sent revivre
Dans ce mannequin rebutant et sec,
Dans ce long profil aux reflets de cuivre
Fait pour maintenir l'amour en échec.

Et ça doit pourtant se changer en femme,
J'ignore au moyen de quel talisman,
Mais on chantera son épithalame,
Un baby rosé lui dira : maman !

Qui donc remplira ce devoir austère ?
Ne cherchons pas loin. Dieu, dans sa bonté,
A créé pour elle un jeune notaire,
Homme sérieux, de blanc cravaté,

Et tous deux feront d'autres jeunes filles
Aux regards sans flamme, aux coudes pointus,
Pour qu'on voie encore au sein des familles
Fleurir le rosier des maigres vertus.

ANTONY DE MENOU

J'ai connu de Menou en 1856, et voici le portrait qu'il traçait de lui-même à cette époque : « Son costume, propre, quoique usé, annonçait qu'il ne nageait pas dans l'opulence. La redingote, surtout, noire comme le reste de son habillement, datait de 1850 et avait été recousue et rapiécée maintes et maintes fois. Ses souliers paraissaient n'avoir plus de semelles et son chapeau demandait fort à être remplacé. — Quant à sa figure, elle était de cette pâleur qui est le caractère le plus distinctif de l'aristocratie. Ses traits fortement accusés, sa moustache noire à la Van-Dyck, son front très-large, ses longs cheveux noirs et plats, rejetés en arrière, donnaient à son visage un cachet artistique qui, joint à son chapeau à larges bords, ne pouvaient être que celui d'un homme de lettres. »

Voilà pour le physique ; pour le moral : « C'était un noble cœur, une de ces natures fortement trempées et que n'abat point l'adversité. Outre l'intelligence et le grand esprit d'observation que lui avait donné la nature, il était encore doué d'un caractère excessivement indépendant, ferme et loyal.

La conscience de son origine, sans lui ôter ce cachet de distinction et cette exquisité de manières que l'on ne retrouve guère que dans l'aristocratie, ne lui avait pas donné ces airs hautains et dédaigneux, etc. »

En partant pour la capitale, il s'était dit : « J'ai de l'esprit naturel, un certain goût pour la lecture, une grande facilité d'élocution, quelques connaissances parmi des hommes de lettres assez bien placés, — je serais bien malheureux si, d'ici à quelque temps, avec beaucoup de travail, je n'arrivais pas à me faire une position, soit dans un journal, soit dans une revue quelconque. »

Voilà ce que voyait le vicomte de Menou quand il se regardait dans sa glace, — en l'an de grâce 1856 ; pour des yeux moins prévenus, c'était simplement un gamin menteur et prétentieux ; il avait toujours à la bouche le château paternel, racontait que les prodigalités de son père l'avaient ruiné et ne savait comment faire pour ne pas déroger à *ses principes nobiliaires*. Il écrivait dans le *Diable boiteux* d'Eugène de Montglave : « La première qualité d'un chroniqueur selon moi est de bien tenir une épée et de connaître le pistolet. La plume ne vient qu'en second lieu ; je tâcherai de me conformer aux exigences de ce programme. Je suis assez talon rouge pour ne pas souffrir la moindre insulte qui pourrait porter atteinte à mon honorabilité. »

Eh bien ! de Menou manquait de tout cela, de *principes nobiliaires*, d'abord, — il ne s'appelait pas Antony de Menou ; ensuite..... ah ! le pauvre garçon manquait de santé aussi, et, quelques années plus tard, consumé par l'horrible phthisie, Antony de Menou s'éteignait à Asnières à l'âge de 27 ans, après avoir outrageusement battu de la caisse avec sa maladie, après avoir fait « de son suaire une affiche, » s'être exhibé de la manière la moins digne, de façon « à déconcerter ceux-là même qui avaient le plus chaudement patronné son infortune. » Bref, ce garçon qui n'avait guère su vivre, ne sut pas mourir.

Il avait jeté un *cri de détresse* et fait au monde *un suprême appel* pour que ses œuvres (20 ou 22 volumes inédits), ne périssent pas avec lui. Arsène Houssaye, Théophile Gautier et vingt autres qui, en général, ne feraient pas dix pas pour sauver un garçon d'un talent réel et d'un véritable caractère, se mirent de la partie afin d'essayer de sauver les œuvres, — et si cela se pouvait, le dernier *représentant d'un grand nom historique;* et huit jours après, Antony de Menou s'écriait : j'ai déjà plus de 1,000 souscripteurs, je suis sauvé! mes œuvres seront publiées! et il inondait les librairies et les journaux de réclames afin d'activer la souscription : beau papier glacé, texte de choix *dansant* entre quatre marges blanches, — plus le portrait de l'auteur, sur son lit de mort.....

. . . .

Voilà ce que fut sur cette terre le vicomte Antony de Menou.

FERNAND DESNOYERS

En 1856, Fernand Desnoyers écrivait au *Figaro*: « Les nouveaux poètes, ceux qui ont créé dans la forme ou dans le fond, sont : Pierre Dupont, Gustave Mathieu, Ch. Baudelaire, Th. de Banville et moi ! retenez ces noms-là. » Eh bien ! je puis assurer que ce n'était pas là tout à fait la pensée de Fernand, que du moins, cette phrase n'en était que l'expression adoucie, car si Desnoyers, — laissant de côté toute modestie, — eût écrit carrément ce qu'il pensait, cela faisait une affaire de dix mots, pas plus : *il n'y a qu'un poète, et c'est moi.*

Jadis, j'avais la faiblesse de m'indigner contre ces gens qui font la roue pour se mirer dans leurs propres plumes... depuis, j'en ai tant vu et qui n'avaient rien pour les faire excuser que je souris aujourd'hui aux sorties vaniteuses des hommes de talent. Et vraiment, ce doit être si bon de croire en soi, — et de le dire.

Retenez mon nom, disait Fernand, et il avait raison, c'est celui d'un poète, d'un vrai poète; cette personnalité cassante et vaniteuse qu'il promenait bruyamment au milieu de nous, était bien à lui ; elle n'était point faite de bric et de broc et lui appartenait telle qu'elle, toute entière ; — il faut l'en féliciter et lui en tenir compte. Comme ses confrères, Desnoyers disait volontiers ses vers (quand on le priait un peu), mais il choisissait son endroit, son heure et son public, un public peu nombreux, bien qu'assez mêlé et dans lequel le lettré et la fille dominaient..... mais avant tout, un public de sensations et que Desnoyers n'eût pas changé avec raison contre toute la clientelle du *Petit Journal*. Il est bien peu de cabarets à la mode dont les murs n'aient entendu, vers les trois heures du matin : les *Assassins du vin*, le *Mariage dans les blés*, ou *Madame Fontaine*..... Quant au grand public, au public composé de tout le monde, Desnoyers le haïssait, le méprisait, il n'avait jamais assez d'invectives pour le conspuer :

> Bête à têtes de veau, de lapin et d'aspic,
> Nombre lâche, gros tas, qu'on appelle Public,
> D'ilotes, de bourgeois, pions et journalistes,
> Ecoute-moi ! — Depuis le temps que tu m'attristes,
> J'ai bien acquis le droit de poète indigné,
> De te jeter un peu de mes vers par le né !

Et dans sa *Harangue contre l'argent*, il est superbe d'indignation :

> Allons, bourgeois épais, venez qu'on vous aligne
> Comme des chiffres. . . . .
> Vous êtes tous marqués ! Jamais un médecin
> Ne pourra vous trouver pour remède un vaccin,
> Tout ce que vous touchez seulement de la vue
> Prend dans le même temps l'aspect d'une bévue. . .

Il termine par ce trait qui trahit d'une lieue son petit-fils de Villon :

> Je vous ai, dit Mangin, je crois, insulté tous ?
> Veuillez vous cotiser pour me prêter cent sous.

Ce mépris du public, il l'a sans cesse et partout ; ainsi, dans une préface qu'il destinait aux *Chansons parisiennes*, préface restée inédite et que m'a communiquée mon ami Poulet-Malassis, il termine ainsi :

> Toute cette jeunesse et sa vulgarité
> La voici. — C'est mal fait, rimé mal, imité,
> Bref, c'est bien ce qu'il faut au public. — Je l'imprime ;
> Parce que c'est commun, fait pour tous et sans rime.

Et il ajoute sournoisement :

> Quelques morceaux, pourtant, satisfont mon orgueil,
> Ceux-là tomberont-ils jamais sous aucun œil ?

Tout le monde connaît son fameux voyage au Hâvre :

> Habitant du Hâvre, Hâvrais,
> J'arrive de Paris exprès
> Pour mettre en morceaux la statue
> De Delavigne (Casimir) etc.

Mais laissons-là ces folies ; j'ai dit que Fernand Desnoyers était un vrai poëte, je le prouve ; lisez son *Credo :*

JE CROIS AU VIN

Le bonheur s'arrondit et mûrit au soleil,
Il pousse sur les ceps, il est d'un noir vermeil....
Le bonheur, c'est du vin ! c'est du vin de Bourgogne !
Il vous met de la joie en rouge sur la trogne;
Il s'appelle Pomard ou Beaune ! — Le bonheur,
On ne le rêve pas, — on le boit, c'est meilleur.

Dire que le bonheur peut tenir dans mon verre !
Pas longtemps, il est vrai : tout passe sur la terre !...
Le Beaune que j'ai bu me fait rire les yeux.
Je vois couleur de vin.... mon chemin est joyeux...
On dirait sur le seuil, qu'enlumine l'automne,
Que le soleil couchant met en perce une tonne.
J'entends dans le lointain rire et chanter l'écho....
Le rire des moissons, c'est le coquelicot !
Les peupliers sont saouls : au bord de l'eau malsaine
Ils peuvent dans le vent se soutenir à peine....
L'air a je ne sais quoi de vif, de guilleret....
On dirait que les champs sortent du cabaret.

La bonté du Pomard gagne le cœur : on aime,
On devient aussi bon que le Pomard lui-même ;
Et sur le vin l'amour revient comme sur l'eau,
Remonte la grenouille aussitôt qu'il fait beau.

Le vin, c'est le printemps ! c'est le soleil ! il dore,
Il sème dans le cœur des fleurs qu'on sent éclore !
Ainsi qu'un nid d'oiseaux qui vient de s'éveiller,
Tout le bonheur passé se met à gazouiller...
Comprend-on que le vin mette un homme en colère ?
A peine a-t-on le temps d'en boire sur la terre.
Le vin n'est pas méchant quand il est naturel,
Il est doux au contraire, il est spirituel...
Ce n'est pas mal placer son argent que de boire !
Je crois sincèrement au vin ! Il faut y croire....
Ainsi qu'un bon pasteur, on l'aime, il vous convainc....
C'est ma religion, à moi : je crois au vin !

Eh bien, là, franchement, vous aurez beau lire et relire les œuvres complètes de M. Catulle Mendès, ou celles de M. Coppée, ou celles de M. Viliers de l'Isle-Adam, ou celles... de n'importe quel *parnassien* du passage Choiseul (ils se partageaient avec les *félibres* la colère et l'indignation de Desnoyers ; — *oui, oui, ces hommes du Midi que* lou soleu fai cantad! *quant à la* luno, *elle* camino plan-plan... et Fernand ricanait en bon français), je vous mets au défi d'y trouver une pièce d'une couleur aussi franche et d'une originalité aussi sincère.

Mais on ne vieillit pas à faire des vers comme ceux-là, et surtout à les réciter régulièrement de trois heures à quatre heures du matin à quelques fous... — Fernand Desnoyers mourut jeune. Il traîna longtemps, se voyant s'en aller peu à peu, et, quelques heures avant sa mort, il écrivait à un journaliste en lui recommandant son dernier volume : *Poésie française* :

> Si tu te souviens encore de Fernand Desnoyers, je te dirai qu'il te prie, du fond de sa retraite (de Profundis...) de faire un compte-rendu de son petit livre ci-joint. —
> Je te le recommande beaucoup. C'est très soigné.
> Tout à toi.
> Ex-Fernand Desnoyers.
> Je t'écris ainsi en mon nom, n'étant plus.

C'est le dimanche, 7 novembre 1869, que nous enterrâmes, au cimetière Montparnasse, Fernand Desnoyers.

HENRY DUBELLAY

Les *Rimes buissonnières* de Henry Dubellay : c'est un joli petit in-18 de 86 pages, édité par Malassis et renfermant vingt-quatre pièces de vers. C'est frais, gracieux, souvent plein de charmes ; il y a là un peu de tout, mais rien de bien personnel, point d'idées neuves et beaucoup de lieux communs poétiques. La forme le préoccupe, il serait probablement devenu un maître ciseleur — et après?

Il est triste, pauvre, découragé ; il se plaint d'avoir été broyé par la réalité : il doute.

Jeune homme de vingt ans fait vieillard par le doute.

Règle générale : Tout jeune poète doute — de quoi doute-t-il? Ah! voilà. Ces messieurs s'expliquent très-rarement là-dessus, mais ils doutent. Moi, je pense que c'est simplement pour arrondir le vers.

Quoi qu'il en soit, Dubellay doutait ; il doutait de l'avenir, pauvre garçon! de l'avenir qui promettait cependant à ce qu'il dit :

La gloire à son orgueil, l'or à sa pauvreté.

> Ô mes rêves
> Mes beaux rêves d'enfant, le soir, le long des grèves,
> Quand l'espoir me chantait son hymne triomphant,
> Pourquoi m'avoir trompé, mes beaux rêves d'enfant ?

Il accuse la fatalité et retourne de temps à autre à ses rêves :

> Parfois en tisonnant au coin du feu, je songe
> A ce qui m'est gardé par Dieu dans l'avenir,
> Et mon esprit caresse un gracieux mensonge
> De fortune, de gloire et d'amour à venir.
>
> Mon rêve, qui toujours embelli se prolonge,
> Embaumé des parfums qu'exhale un souvenir,
> S'égaie à la pensée, où mon âme se plonge,
> Que ce bonheur passé peut encor revenir.
>
> Ainsi je rêve amour, renommée et fortune,
> Tandis qu'en tournoyant la fumée importune
> S'envole du foyer en beau nuage bleu ;
>
> Et quand je me réveille, amour et renommée,
> Richesse, tout s'enfuit, folle et vaine fumée !
> Adieu, flocons légers ! ô mes rêves, adieu !

Ce que l'avenir lui gardait..... il l'a entrevu et il a peur de lui-même :

> La faim sombre, à l'œil fauve, a des conseils infâmes.

Et je trouve dans un article intitulé : *Moralité de Carême* et signé Dubellay, ce passage cruellement significatif :

« Des luttes quotidiennes contre le besoin, peu sont sortis triomphants et saufs. Beaucoup ont été mutilés ; quelques-uns sont morts. Et combien parmi ceux qui sont arrivés à force de privations, d'humiliations et d'amertumes, ont émoussé au dur contact de la nécessité, le sens de leur délicatesse native, et perdu, aux buissons du chemin, des lambeaux de leur dignité.—La vraie préface d'un chef-d'œuvre, c'est un bon dîner. »

. . . .
. . . .

Au mois d'avril 1860, la *Revue anecdotique* flétrissait à juste titre « les manœuvres frauduleuses d'un mendiant colporteur de volumes. » Voici le fait : Vous trouviez chez vous un livre, les *Rimes buissonnières*, et une lettre ; la lettre disait :

Monsieur,

Inconnu dans la carrière des lettres, mais sachant combien votre cœur sensible et bon aime à venir en aide à toutes les souffrances pardonnez-moi si j'ose vous adresser mon ouvrage.

Depuis plusieurs années, j'ai eu à supporter de grands, de bien grands malheurs. Trompé par un faux ami.... horriblement trompé ! j'ai subi toutes les conséquences de la détresse où il m'a plongé : maladies, pertes cruelles et déceptions de toute nature, rien ne m'a été épargné, et j'ai cru être appelé à subir le sort des Gilbert et des Hégésippe Moreau ; mais mon courage s'est relevé à la pensée de Dieu; car je crois fermement à la Providence du ciel, qui ne permettra pas que celle des hommes m'abandonne.

Je vous l'ai dit, monsieur, inconnu dans la carrière des lettres, sans amis, le malheur n'en a pas, sans aucune protection, malade et souffrant, vous me rendriez un service bien grand si vous étiez assez bon pour faire l'achat de mon ouvrage ; car vous me permettriez de soulager aussi les souffrances de ma bonne mère aveugle, à qui j'envoie chaque mois pour vivre le fruit de mes trop faibles économies.

Puisse votre réponse me permettre de joindre l'expression de ma reconnaissance à celle du respect avec lequel j'ai l'honneur de me dire,

Monsieur,
Votre très humble et très obéissant serviteur,
Henry Dubellay.

P. S. J'aurai l'honneur de faire prendre demain votre réponse chez votre concierge, mais sous enveloppe cachetée, j'ose vous en prier.

Ce n'est pas tout; à défaut de cette lettre signée *Dubellay*, vous pouviez recevoir une autre missive à peu près semblable (deux ou trois mots changés, voilà tout,) mais signée *L.-F. Chabau*, homme de lettres et accompagnée d'*Herménégilde*, tragédie du dit Chabau.

Etait-ce Dubellay, était-ce Chabau, n'était-ce ni l'un ni l'autre? Je ne sais... et ne veux pas le savoir. Revenons au poète.

On a dit de lui qu'il rimait de race — c'est un mot, voilà tout; mais je ne crois pas qu'Henry Dubellay appartînt à la famille de Joachim. Du reste, il ne le dit pas, tout en cherchant cependant à le laisser penser. Ainsi, son petit livre, les *Rimes buissonnières*, porte en épigraphe huit vers de l'amant de la belle *Viole*, et plus loin, il lui adresse un sonnet dans lequel il le traite simplement de vieux maître. Or, quelqu'un du caractère d'Henry Dubellay — sachant tout le parti qu'il pouvait tirer de cette parenté — n'eût pas manqué d'y faire allusion si elle eût été vraie.

D'un autre côté, il était Normand, et on sait que le *Prince du sonnet* — comme on disait déjà du temps de Ronsard — est né près d'Angers. *Plus me plaît* :

> Plus mon Loire gaulois que le Tibre latin,
> Plus mon petit Liré que le mont Palatin,
> Et plus que l'air marin, la douceur angevine.

En 1855, Henry Dubellay est à Caen et collabore au *Moniteur du Calvados*; il vient à Paris en 1856, écrit dans les petits journaux, et remplit les fonctions de secrétaire auprès d'un député — si l'on s'en rapporte à cette mention dont il fait suivre sa signature : *Secrétaire intime du marquis de Chaumont-Quitry, chambellan de l'Empereur, député au Corps législatif.* En 1859, il donne deux ou trois articles au *Figaro* et publie ses *Rimes buissonnières* qu'il avait eu d'abord l'intention d'appeler : *Les Péchés de jeunesse,* titre auquel il renonça en apprenant que Dumas fils s'en était servi. — C'est tout.

Henry Dubellay est mort dans la plus affreuse misère.

LOUIS ABADIE

L'auteur de quatre ou cinq cents romances parmi lesquelles il est impossible que vous n'en rencontriez pas de votre connaissance ; si ce n'est la *Fille à Jérôme,* ce sera l'*Amoureux de Pontoise :*

> Je suis de Pontoise
> Le plus tendre amant
> Du département
> De l'Oise..

ou les *Feuilles mortes*

> Quand vous verrez tomber,
> Tomber les feuilles mortes

ou les *Plus beaux yeux de Castille*

> C'est que vois-tu, ma gentille,
> Il est sous ton voile noir
> Les plus beaux yeux de Castille
> Les plus beaux qu'on puisse voir.

ou encore *D'où viens-tu, beau nuage ?*

> Par pitié, beau nuage,
> Sur les ailes du vent,
> Porte-moi sur la plage
> Que je pleure souvent.

. . . .

et le beau nuage a porté Abadie sur la plage où l'on prend terre pour toujours.

Il avait été chanteur, et, comme il me le disait en riant, avait chanté de façon à étonner, à surprendre le public. Hélas ! ce moment de stupéfaction passé, c'étaient des cris, des grincements de dents.... c'est alors qu'Abadie devint compositeur. Le Théâtre-Lyrique lui reçut l'*Acrobate*, opéra-comique en deux actes dont Brisebarre avait fait les paroles, et, pendant je ne sais combien d'années, ce malheureux Abadie alla tous les quinze jours solliciter la mise en répétition de son opéra — ce qui, pour lui, était une question de vie ou de mort.

L'*Acrobate* ne fut pas joué, Abadie mourut de chagrin et de misère à l'hôpital et comme il laissait trois enfants dans le plus complet dénuement, Brisebarre essaya de faire jouer cette malheureuse pièce qui, jadis, avait été reçue....

Les Théâtres-Lyriques se sont succédé les uns aux autres, Brisebarre est mort — peut-être aussi les trois enfants d'Abadie ! — et l'*Acrobate* n'est pas sorti des cartons.

FERDINAND FOUQUE

Sa vie fut une lutte continuelle avec la misère; il coucha des mois entiers sous une arche de pont..... on ne pouvait l'arracher à ses rêves pour le ramener aux réalités de la vie. Il était doux, instruit et n'aimait rien tant qu'à philosopher avec quelques amis. Il s'ignorait complètement et méprisait fort les âmes incomplètes qui errent dans le vide et l'imaginaire; l'honnête homme, disait-il, n'est-il pas toujours en butte à l'injustice, à la calomnie, à la persécution, à toutes les fureurs que la haine souffle sur le monde ! Mais c'est au fort du combat que l'existence humaine grandit et se déploie avec magnificence. On n'est vaincu que quand on croit l'être. Qui souffre tout peut tout. Et la volonté de l'honnête homme est un arrêt du destin!

A l'époque où je le voyais quelques fois, il publiait dans la *Revue française* des études antiques fort remarquables : le *Chant Amœbée*, l'*Atellane*, etc. La danse le préoccupait beaucoup et c'était pitié que de voir ce lettré, ce poète, emprisonné dans une redingote râpée, boutonnée jusqu'au menton, cravaté d'un lambeau d'étoffe roulé en corde autour du cou, le pantalon percé aux fesses, blanchi aux genoux et frangé au bas, s'écrier avant de regagner le banc ou le dessous de pont qui lui servait de domicile: « Il est certain que l'on reconnaît plus clairement son image dans les jeux nobles et doux d'une danseuse que dans les plus beaux traités que l'on puisse imaginer. La danse fait un concert de la vague étendue; elle soumet l'espace indéterminé aux lois de l'être même; elle le mesure, y établit l'ordre, en tire des accords et en fait une véritable symphonie. L'âme du commun des hommes, n'est qu'une divine confusion de pensées, de mystères et de rêves; le moindre geste élégant et pur suffit pour lui imprimer un mouvement harmonieux.... »

Pauvre Fouque !

Et je dirai comme lui : chaque homme a dans son fonds propre et essentiel un vice, un excès qui le pousse vers l'irrémédiable et il en est aussi des âmes sensibles et douces comme de certaines liqueurs délicieuses qui s'aigrissent et se corrompent d'elles-mêmes....

HENRY SIEURAC

Un peintre qui avait un sentiment vrai de la couleur, l'exécution large, nette.... bien des choses pour arriver ! mais il toussait.... et il me semble encore le voir doux et triste, s'effacer de son vivant comme s'il eût eu conscience de sa fin prochaine.

« Son dernier tableau, son allégorie des *Trois vertus théologales*, fut un tour de force comme il ne s'en fait plus guère. La toile contient environ 25 figures plus grandes que nature. L'artiste, surmené de petits travaux, exécuta avec une rapidité foudroyante, en moins de trois mois, cette tâche énorme qui eût pris certainement deux ans aux maîtres les plus habiles. L'ouvrage, bien que présentant des lacunes inévitables, fit sensation au salon de 1865. On l'eût trouvé bien plus étonnant si l'on eût su qu'il était l'improvisation d'un mourant, car Sieurac était arrivé, à ce moment, au bout de ses forces et de sa vie. Le gouvernement acheta les *Trois vertus théologales* avant la fermeture du salon. L'auteur, une fois payé, ne demanda qu'une faveur: celle de retoucher son œuvre. Il passa deux mois à la retravailler dans les salles froides et désertes du Palais de l'Industrie. Il était, en quelque sorte, en pleine agonie ; chaque jour on le voyait pâlir davantage; seule, sa volonté héroïque le maintenait debout. Enfin, quand son œuvre fut finie, quand il en eut fait le chef-d'œuvre qu'il avait rêvé, quand sa conscience, son honnêteté, son bel enthousiasme d'artiste furent satisfaits, alors se croisant les bras, il cessa de lutter et laissa venir la mort. Deux mois après c'était fini. »

Les *Trois vertus théologales* sont au musée de Dijon.

Sieurac, qui n'avait pas quarante ans, a laissé encore quelques bons tableaux : *Renaissance, les Dionysiaques* et *le Triomphe de Fabius Gurgès*.

PIERRE BRY

Un libraire assez excentrique que ce gros personnage tout rond, tout rouge et tout fleuri, menant de front la gaudriole et l'éducation démocratique du peuple, publiant *Faublas* en livraisons à 20 centimes afin de le mettre à la portée des classes nécessiteuses et signant ces fières lignes à la fin du 1ᵉʳ numéro du *Peuple*, plus tard, l'*Accusateur public* d'Alphonse Esquiros : « Le gérant du *Peuple* se fait moralement responsable de toutes les doctrines de cette feuille révolutionnaire ; il est dévoué d'affection à la République pour laquelle il a couru aux armes ; un des premiers il a pris l'initiative de la lutte. Il était sous le feu des Tuileries ; il a foulé aux pieds les débris et les lambeaux de la tyrannie déchue. C'est un enfant du peuple par le cœur. » Oui, mais c'était aussi un rude négociant que ce démocrate à cheval sur les principes et de *Jean Raisin*, en *Jean Guestré*, il était arrivé peu-à-peu à faire le *Journal des médaillés de l'Empire* !!!

Il avait des idées saugrenues aussi bien en architecture qu'en littérature, et il s'était fait construire à Meudon une façon de vieux château démantelé du plus comique effet. Il y avait là de curieuses imitations de crevasses; des brèches et des lézardes d'un aspect des plus saisissants — et sur le tout, comme pièces justificatives, poussaient, à grand renfort de soins, un jeune lierre et une tendre mousse, destinés à faire illusion aux Meudonais eux-mêmes.

Et Bry, coiffé d'un bonnet autrichien, souvenir de sa campagne d'Italie, criait aux bourgeois que la vue du castel et de son seigneur faisait sourire : au lieu de vous pavaner dans vos salons, stupides bourgeois, allez donc dans les plaines de Cavriana et de Solférino ramasser ceux qui meurent pour la patrie; alors, mais alors seulement vous aurez le droit de rire. — En attendant, salut.

Car Bry voulant voir une vraie bataille avait assisté du haut du clocher de Médole aux assauts des mamelons de Cavriana et de Solférino «le cœur battant comme un tambour sous les baguettes d'une émotion que vous comprenez bien, » racontait-il, et était revenu du champ de bataille avec toute une collection de balles, képis, capotes autrichiennes.

Ce sont ces idées guerrières — et un peu aussi le désir de faire une bonne fois sa fortune, qui lui firent entreprendre la publication du journal le *Polichinelle* qui fut un instant la joie de la Brasserie; les principaux rédacteurs étaient Fernand Desnoyers, Montjoye, Watripon, etc. Fort en gueule, ce journal était continuellement en lutte avec ses voisins : — Ils ont prétendu que le *Pirate* était mort, s'écriait le *Pirate* (un autre canard de la même époque,) ils en ont menti ! Qu'ils viennent !...

ils nous trouveront la corde à la main. Notre hache, c'est trop pour eux. Je viens de passer une revue de l'équipage dans la soute aux *calottes*.... tout est prêt.... qu'ils viennent !

Et Bry dans son *Polichinelle*, répondait: Ohé ! les écumeurs de mer... Ohé ! Tire toutes tes bordées, pauvre gâteux, tu ne forceras jamais *Polichinelle* à amener pavillon.... Prends garde, écumeur d'eau douce, corsaire de bassin, pêcheur de poissons rouges, tu te feras couler bas par le *Polichinelle*, vaisseau de première classe...

. . . .

Malheureusement, toutes les fois que vous verrez un éditeur se livrer à de pareils accès de journalisme, vous pourrez vous dire : — toi mon garçon, tu n'iras pas loin.

Et de fait, Pierre Bry n'alla pas loin.

ANTOINE FAUCHERY

D'abord peintre, puis graveur sur bois et finalement homme de lettres ; — c'était une nature bien douée, franche d'allures, gaie et spirituelle; ses instincts généreux le firent partir en 1848 pour..... la Pologne. Plus tard, il alla en Australie et en rapporta un livre très-intéressant que publia le *Moniteur* : *Lettres d'un mineur en Australie* ; puis chargé d'une mission en Chine, car Fauchery avait fini par tomber dans l'*officiel*, il mourut au Japon en 1861 à l'âge de trente-sept ans, — à la veille d'être décoré !

C'est à peu près le seul Français, dit-on, qui sortit les mains et les poches vides du palais Yuen-Ming-Yuen. Je ne pouvais réellement laisser passer un fait aussi singulier.

Fauchery était poëte à ses heures : je me rappelle de lui un triolet charmant :

LA FOSSE COMMUNE

Laissez revenir le printemps,
Il chassera ces gros nuages ;
Les gais amours auront leur temps,
Laissez revenir le printemps.

Aux roses vous aurez vingt ans ;
Tout verdira dans les bocages....
Laissez revenir le printemps,
Il chassera ces gros nuages.

PIERRE DUPONT

Je n'ai connu Pierre Dupont qu'au lendemain de 1852, et quand il tomba, quelques jours avant la déclaration de guerre à la Prusse, il y avait réellement dix-huit ans qu'il était.... mort.

Avec la foi, le sentiment profond qu'il avait de la nature, s'en alla ; il fit sur commande de méchants ouvrages pour de méchants libraires, se livra à des excentricités bonapartistes et, quand je le rencontrai pour la dernière fois, en 1867, il était assis devant une table de café, la tête dans les mains, l'œil atone... Le hasard fit que j'avais sur moi quelques-unes de ses chansons politiques. — Tenez, Dupont, lui dit Drague, vous ne direz pas que vous êtes oublié, que personne ne pense à vous, voici Firmin Maillard qui, certes, ne songeait guère à vous rencontrer, eh bien, regardez ce qu'il tient-là ; et il lui montra ses chansons. Dupont les prit, les retourna — c'était une édition de 1848 — me sourit niaisement, me tendit la main.... et sortit en trébuchant. Il était complètement abruti.

« Sa renommée populaire le tuait, raconte Duranty. Les chansons qui sortaient de son gosier étaient remplacées par des verres de vin ou de bière qu'y versaient à flots ses enthousiastes.

Parfois on le rapportait chez lui.

Et puis, soit qu'il se fût trop prodigué ou fatigué, l'indifférence vint pas à pas. Pierre Dupont s'en irrita. Je l'ai vu se fâcher parce qu'on lui laissait trop attendre le moment de chanter.

La jeunesse, d'ailleurs, avait donné en lui comme dans les arbres à fruits, ses plus beaux résultats.

Mécontent, peu fortuné, ayant perdu sa femme, cette gaie Lise, qui chantait aussi des chansons d'une voix aigrelette, mais juste et décidée, se sentant à demi-malade et éteint, il se retira, il y a environ trois ou quatre ans, à Lyon, où un parent lui offrit un asile dans une maison de campagne. »

Pierre Dupont est mort à la fin de juin 1870.

Il laisse quelques œuvres parfaites : *le Jour des morts, le Pain, la Musette, les Bœufs* et ce magnifique *Chant des ouvriers* :

> Nous dont la lampe le matin,
> Au chant du coq se rallume ;
> Nous tous qu'un salaire incertain
> Ramène avant l'aube à l'enclume ;
> Nous qui des bras, des pieds, des mains,
> De tout le corps, luttons sans cesse,
> Sans abriter nos lendemains
> Contre le froid de la vieillesse,
>
> Aimons-nous et quand nous pouvons
> Nous unir pour boire à la ronde,
> Que le canon se taise ou gronde
>   Buvons !
> A l'indépendance du monde !

Relisez-la, cette chanson ; elle est superbe, – et il y en a d'autres !

ARTHUR KALKBRENNER

A quelle bohême appartenait celui-ci ? ou mieux, à quelle bohême n'appartenait-il pas ?

En 1864, il écrivait à un journaliste avec lequel il avait eu des mots : Il existe en moi deux hommes bien distincts, deux individualités bien tranchées. *L'artiste*, dont les œuvres et le talent sont soumis à l'appréciation du public et de la critique, et *le gentilhomme* qui ne permet à personne de le juger et de l'attaquer. Si vous vous étiez donné la peine de prendre les plus sommaires informations, vous auriez su qu'un Kalkbrenner accompagnait aux Croisades l'empereur Barberousse (Frédéric) : — qu'en outre le seul fait de la nomination dans l'ordre royal de l'Aigle-Rouge de Prusse confère la noblesse au titulaire et à ses descendants, et que mon père a été nommé *d'emblée* (sans passer par le grade inférieur de chevalier de 3ᵉ classe), officier de cet ordre par Frédéric-Guillaume III...

. . . .

Arthur Kalkbrenner était toujours irréprochablement mis, c'était ce qu'on peut appeler un bohême élégant. Il avait cette froideur, cette sorte d'indifférence railleuse qui fait partie de ce qu'on est convenu d'appeler la distinction..... distinction que du reste faisaient avantageusement ressortir les milieux dans lesquels aimait le plus à se mouvoir cet aimable viveur.

Viveur... non; c'était un gaspilleur. Il gaspilla sa santé qu'il avait bonne et sa fortune qu'il avait belle, — tout cela pour mourir, usé, fini à 41 ans, le dimanche 24 janvier 1869. De son talent, il fut moins prodigue; il ne manquait pas d'une certaine verve, et parmi ses œuvres (petite musique!) je sais quelques polkas, quelques mazurkas qui dénotent de l'esprit et de la facilité.

Maintenant, vais-je vous raconter quelque histoire amusante sur Kalkbrenner?... Il y en a, celle de *la tasse de chocolat*... et d'autres..... Non, je préfère citer un passage du testament de ce bohême :

« Voulant rentrer dans les idées de mon père, et répondant à mes sentiments personnels de confraternité envers les artistes musiciens, je donne et lègue à la Société des artistes musiciens, dont le siége est à Paris et dont M. le baron Taylor est actuellement président, une somme de 125,000 fr., payables dans les deux ans du jour de mon décès, et produisant intérêts à 5 0/0 à partir du même jour. Les frais, etc., restent à la charge de la succession. »

Voilà une idée qui n'est pas venue au cerveau mieux équilibré du maestro Rossini.

DONDEY-DUPRÉ

Un jour Dondey me dit : Fais-moi donc le plaisir de regarder dans tes collections si tu n'as pas un article de moi intitulé *De amicitia*, que j'ai enterré jadis dans le *Mousquetaire*, c'est dommage... je voudrais le re-publier. Le lendemain, je lui apporte le numéro renfermant l'article. — Eh bien ! me dit Dondey. — Eh bien, quoi? Voilà ton article. — Oui, mais qu'est-ce que tu en penses ? — Ah ! Est-ce que j'ai le temps de lire ces machines-là, dis-je en riant.

Dondey fut très-long à me pardonner cette petite méchanceté.

Il ne faudrait pas confondre notre ami Dondey, auteur d'un petit bouquin intitulé, je crois, *Voyage au pays Bréda*, qu'il avait signé Oneddy-Vitreuil (Vitreuil, — à cause du monocle auquel il était vissé), avec son cousin Dondey de Santeny ou Philothée O'Neddy, le romantique, l'auteur de *Feu et flamme*. Notre Dondey, à nous, n'était ni romantique, ni classique, ni ceci, ni cela... c'était un grand garçon poseur et hâbleur, qui avait la voix d'un ventriloque, tant il était creux et vide;

il était aussi ennuyé qu'ennuyant et ne se distinguait du commun des mortels que par une horreur profonde pour la vérité.

Après avoir tâtonné un peu, il avait fini par trouver sa voie, disait-il, dans la critique d'art et était devenu un de nos *salonniers* les moins accrédités.

Voici un échantillon du style de Dondey : « Un grand jeune homme blond, écrit-il dans un article intitulé le *Premier Printemps*, s'était approché du piano et en attaquait vigoureusement les touches. Des notes s'échappaient de ses doigts fines et drues comme l'herbe des prés, nuancées comme des soupirs de jeune fille et suaves comme si elles avaient effleuré des abeilles rentrant à la ruche chargées de butin ; etc. »

Il devait évidemment finir par faire des *Revues de Salon!*

ALTÈVE MORAND

Il était de sens rassis, froid et un peu triste; ne manquait ni d'intelligence, ni d'activité et était toujours en train de fonder un journal ou de lancer une affaire; il savait trouver le bailleur de fonds, mais le montrait trop et se le faisait enlever par les bons petits camarades; puis on le dépossédait de son titre de rédacteur en chef et finalement, il se trouvait un jour mis tortueusement à la porte de la feuille qu'il avait fondée, par un ami que lui, Morand, avait introduit avec bienveillance dans la place.

Altève Morand avait collaboré au *Sans le Sou* et à une foule de petits journaux autographiés ou imprimés qui, tout à coup, sortirent de terre de 1854 à 1856 et dont il publia l'histoire dans le *Figaro*. Il est aussi l'auteur d'une *Réfutation* honnête et indignée *des Contemporains* du sieur Mirecourt; il fonda l'*Appel, le Triboulet, le Journal du Plaisir, le Train de Plaisir*, etc., etc.; puis, attiré du côté des spéculations financières, fit de mauvaises connaissances et alla fonder l'*Echo du Brésil* à Rio de Janeiro, où la fièvre jaune le prit et le garda.

Je ne crois pas qu'il eut plus de 25 ans.

HENRY HOFFER

Vous souvenez-vous de ces têtes charmantes pleines de grâce et de sentiment, qui involontairement vous rappelaient Prud'hon...

Pauvre peintre ! il faisait son chemin, pas aussi vite, ni aussi brillamment cependant que son orgueil le désirait, quand sa raison trébucha, — contre quoi ?... je ne sais. Un jour, on le trouva pendu à une tringle dans son atelier. Il avait plié et mis soigneusement sur un tabouret son gilet et son paletot, puis s'était placé en face de sa dernière œuvre : *Une petite fille qui porte des fleurs dans son tablier.*

....
....
....

Un an après, son frère, le graveur, — *l'albinos*, comme nous l'appelions, — m'abordait en me demandant si j'avais des nouvelles d'Henry, que lui n'en avait pas depuis longtemps, etc. Puis il se jetait à genoux au milieu de la Brasserie et commençait une prière à haute voix, pendant que Baptiste, — qui était sceptique, — lui frappait sur l'épaule, en lui disant : Faut, Monsieur Hoffer, que vous soyez toqué comme il n'est pas possible de l'être, pour faire des coups de temps comme cela. Avec ça que c'est l'endroit.....

Je n'en ai plus jamais entendu parler.

AUGUSTE ROULLIOT

Celui-ci touchait à tout : aux arts, aux lettres, au commerce, à l'industrie ; rien ne lui était étranger, il s'assimilait toute chose — sous prétexte de faire une affaire, et, après avoir raté une entreprise de boutons de guêtres, et n'avoir pas réussi dans une combinaison de soupe aux légumes secs, il lançait sur la place le *Stéréoscope*, revue artistique des modes parisiennes photographiées d'après nature.

— Permettez-moi, s'écriait Coligny de vous présenter le directeur du *Stéréoscopique-Journal!*

C'était voler Roulliot que de prendre un abonnement à sa revue, car pour vos 30 francs, Roulliot — aussi fort que Léo Lespès — vous donnait en primes stéréoscopiques une valeur de 112 francs (— Vous lisez bien : 112 francs !!) et la revue.. qui renfermait des choses impayables. D'abord les chroniques de Charles Coligny dans lesquelles on lisait que l'*Histoire de l'Italie sous la domination autrichienne*, par Ponson du Terrail était *un lyrique morceau d'histoire qui est à la fois d'un poète et d'un philosophe, d'un barde et d'un vengeur.* — Puis... des vers de Jules Mahias (actuellement préfet d'Oran).

Que ta modestie, ô mon vieil ami ! (je m'adresse à Mahias) me pardonne la petite exhumation que je vais faire ; le *Stéréoscope* est mort il y a longtemps, son directeur Roulliot, atteint par la paralysie, l'a suivi de près dans la tombe ; toi, tu es préfet et peut-être plus tard... Dame ! l'avenir est à Dieu.... Tu sais cela, toi qui es catholique ; il ne reste donc plus que moi qui sache où tu as enseveli ce délicieux poème qui avait, je crois, pour titre : *la Résistance*. Des rats, pendant le siége (tu étais alors à l'Hôtel-de-Ville avec Jules Ferry,) ont grignoté étourdiment ma collection du *Stéréoscope* et n'ont laissé que cette strophe :

. . . .
Ne me souris jamais, chère enfant, je t'adjure,
Cache à ma volupté la nacre de tes dents
Et ne me berce plus, de mirage en mirage,
    Du crépuscule au jour ;
Car je dois refuser, même à la blonde image,
    Mon sacrilége amour.

Et aussi, tu étais préfet onze ans après.

MASINI

Des substituts ou de jeunes notaires, (je ne sais plus au juste) que je rencontrais dans certains salons de province cultivant le *rosier des maigres vertus*, m'ont dit souvent : — quelle singulière chose que l'humanité et quel étrange besoin de se mêler de politique !.... Voilà un homme qui a fait des romances charmantes (et ici, le substitut ou le jeune notaire fredonnait quelques fragments de *Où va mon âme* ou de la *Sœur des anges*) et qui, au lieu de continuer, passe son temps à conspirer contre l'ordre de choses établi en Europe. Je vous demande un peu de quoi se mêle ce musicien......

Le compositeur Masini, qui n'avait rien de commun avec le grand patriote Giuseppe Mazzini, était né à Florence ; il avait conquis une certaine célébrité dans un genre très démodé aujourd'hui et lorsque le beau temps de la romance fut passé, Masini un peu las, un peu oublié, se tourna vers la philosophie. Je le rencontrais souvent à la Bibliothèque de la rue Richelieu plongé dans les œuvres d'Hégel, Fichte, Schelling, Kant, Spinoza, et, de temps à autre, j'avais à subir de longues dissertations sur l'idéalisme subjectif, sur la phénoménologie....; puis, peu-à-peu, de Fichte en Kant et d'Hégel en Spinoza, Masini arriva à une folie des plus singulières : il se croyait poursuivi, traqué par la police. Il se levait brusquement, regardait sous son fauteuil, frappait le plancher et vous disait: Comment, vous ne les entendez pas ! ils sont là, cachés et me donnent des soufflets dans les jambes. Dans la rue, heurté par un passant, il s'arrêtait brusquement vous serrait le bras et s'écriait : hein ! l'avez-vous vu... Oui, cet homme en chapeau blanc qui s'en va là-bas, eh bien! c'en est un, je l'ai reconnu, ils croient que je ne suis pas sur mes gardes...; mais c'est intolérable que de vivre ainsi !.....

Un jour, la mort en eut pitié, et Masini alla sur place examiner ce qu'il y avait de réel dans les systèmes philosophiques au fond desquels il avait laissé sa raison.

Son confrère Elwart a prononcé sur sa tombe cette jolie phrase qu'il serait regrettable d'enterrer avec Masini : « Dieu, Messieurs, juge seul les cœurs; et Masini, qui fut un compositeur mélodiste, devait en avoir un, malgré les excentricités de son caractère original. »

ALEXANDRE MONIN

C'était un élève de l'Ecole normale. Homme de polémique avant tout, il avait l'attaque vive, franche, carrée, — un peu forte en gueule, surtout pour un élève de la susdite école ; mais il était catholique et avait par conséquent l'humeur agressive et batailleuse. Brutal avec passion, il faisait volontiers le coup de poing et dépensait en crâneries de toutes sortes — et je ne l'en blâme pas — ce que ses camarades d'école dépensent ordinairement en érudition pédante.

Il fut un instant l'espoir du *Figaro*, et de Villemessant cite toujours son fameux article sur la mort de l'archevêque de Paris : « Il est tombé au milieu de sa prière, au milieu de son œuvre, hostie prématurée. Je ne sais point dans notre siècle de terreur et de pitié, pitié plus grande et plus saisissante terreur. Un prince de l'Eglise tué dans l'église, tué par un prêtre ! Sang du Christ qui coules en larmes éternelles sur le crucifix, m'entends-tu bien ? » De Villemessant lui avait dit : vous avez bien au fond de quelques campagnes une vieille parente pieuse qui fait l'aumône et va à la messe tous les matins

— pensez à elle en écrivant cet article — si elle ne pleure pas en vous lisant, vous n'avez rien fait qui vaille.

Monin, du reste, était toujours prêt à écrire en deux heures cinq cents lignes sur le premier sujet venu — et cela, avec toute la conviction possible.

Il publia aussi dans la revue *le Présent* — une revue qu'avait fondée le fils d'un négociant de Valence, un tout jeune homme qui jouissait d'une assez belle fortune et qui la consacrait aux lettres (on ne rencontre plus cela aujourd'hui !) — un grand roman : *l'Année des Cosaques*.....

Monin l'avait d'abord porté à la *Revue des deux mondes* qui, prudemment, n'en avait pas voulu, ce qui attira à MM. Buloz et autres les invectives les plus violentes ; c'est à ce propos, je crois, que Monin disait en parlant de M. de Mars : il a l'air d'un séminariste qui vient de commettre en secret une mauvaise action.

Bref, Monin comme beaucoup d'élèves de l'Ecole normale eût fait son chemin — il avait tout ce qu'il faut pour cela — si la Mort.....

Après cela, vous me direz : n'avons-nous pas Sarcey et... les autres !

AMÉDÉE HARDY

Je l'ai connu du temps de la *Tribune des poètes*; c'était un chaud républicain, mais qui paraissait déjà ne pas vouloir mordre aux amendes et à la prison. Il prit la direction de la *Tribune des Poètes*, lorsque le sieur Hugelmann devint propriétaire de ce petit recueil, et, tourmenté par ses remords, se crut obligé de donner à ses amis des explications qui ne satisfirent que ceux qui n'étaient pas difficiles. « On a fait à la *Tribune des Poètes*, disait-il, le reproche d'avoir une couleur politique. Le fait serait facilement réfutable, mais nous aimons mieux faire pour l'avenir une profession de foi qui mette toutes les consciences en repos. Laissons donc sans le renier, le passé en arrière, et disons désormais que la *Tribune des Poètes*, comprenant que sa mission est une mission de paix et de progrès, purement intellectuel, rejettera comme attentatoire à ce sage principe toute pièce ayant une *nuance politique quelconque.* »

Une seconde fois, Hardy revint sur ce sujet : « une partie du public s'étant étrangement mépris sur la déclaration que j'ai mise en tête du dernier numéro de la *Tribune des Poètes*, je crois utile de donner quelques explications. Lorsque j'ai dit que la *Tribune* rejettera toute pièce ayant une nuance politique quelconque, j'ai voulu parler de la politique *d'action* ou de *personnalité*, que nous considérons comme incompatible avec la poésie ; mais notre œuvre a toujours été et sera toujours essentiellement *progressiste* et c'est dans ce sens qu'il faut interpréter ces expressions : que sans renier son passé, nous pourrions facilement la disculper d'avoir eu une couleur politique. Ainsi plus d'équivoque : nous ne renions rien du passé de la *Tribune* et nous entendons la maintenir dans le même ordre d'idées. »

A la clarté, à la franchise de ces déclarations, on reconnaît déjà un élève du sieur Hugelmann.

Plus tard, envoyé par le ministère de l'intérieur à Grenoble pour y faire un journal bonapartiste, Hardy se couvrit tellement de gloire dans cette mémorable campagne, qu'il fut décoré et qu'il allait enfin jouir du bonheur réservé à ses pareils, quand la guerre arriva. Le bonapartisme de Hardy était bon teint ; rien ne l'altéra, et, quand il mourut, ses dernières paroles furent pour Napoléon III.

En dehors de cela, Amédée Hardy était un bon compagnon, aimant à rire et aimant à boire.....
C'est à lui qu'Amédée Rolland a dédié son dernier livre *le Poème de la Mort* :

> Ami, nous avons tous les deux
> Tenté vingt chemins hasardeux,...
>   Etc.

Mes souvenirs deviennent plus vagues, plus confus; je vois dans l'ombre :

FRANÇOIS TALON. Blond, mince, compassé et pointu... n'aspirant qu'à passer pour un homme de gros bon sens, de sens commun, ce qui ne l'a pas empêché de mourir fou. Il aimait à signer : *Un ancien négociant retiré des affaires*, et je vois au dos d'une petite brochure intitulée : *Menus propos et joyeusetés d'un bourgeois de Paris, sur la décentralisation, entremêlés de petites théories politiques pleines d'à-propos, où l'on traite de l'inutilité de l'Autriche*, ces mots : « Mon cher Maillard, ne cherchez là dedans rien autre chose que du bon sens. »

Il avait publié en 1861 un livre bourgeois : les *Mariages manqués*, livre intéressant bien que fort mal écrit, et avait lancé un journal intitulé : le *Bourgeois de Paris*, qu'il faisait à lui seul et qui mourut au bout de quelques numéros.

Quand la folie le prit, il lui restait encore dans ses cartons bien des choses bourgeoises.

———

ALEXANDRE RAYMOND. Il signait aussi Raymond de Breilh, bien que fils du colonel Raymond de la Garde républicaine de 1848 et était l'auteur de *Galants du temps jadis, essai littéraire sur le moyen-âge*, pauvre petit livre dont parlaient sans l'avoir lu les amis de l'auteur. — Moi qui l'ai lu, je n'en parlerai pas. Après avoir mené à l'étranger une vie assez aventureuse, Raymond revint à Paris un mois ou deux avant la mort de Rolland, dont il reçut le dernier soupir; je le vis le jour de son arrivée, ce fut la dernière fois. Il mourut peu de temps après Rolland, sans avoir pu faire jouer aucune des pièces dont il se disait l'auteur et dont je n'ai connu que les titres : *Mère et martyr*, les *Gens d'affaires*, les *Turlupins*, etc., etc.

Je ne crois pas qu'on puisse être beaucoup plus avancé que moi sur ce chapitre-là.

LOUIS DUVEAU. En avril 1867, les journaux publiaient l'entrefilet suivant : « Un artiste extrêmement distingué, M. Louis Duveau, dont les tableaux d'histoire ont souvent brillé aux expositions de peinture, a été malheureusement frappé, dans toute la force de l'âge et du talent, par une paralysie qui a fait tomber le pinceau de sa main. Devant une telle infortune, plus de deux cents confrères de M. Duveau, et parmi eux les plus illustres, ont spontanément offert chacun une ou plusieurs de leurs œuvres pour être vendues au profit de l'intéressant malade. »

Duveau, — ayant perdu toute conscience de lui-même, — mourait, heureusement pour lui, peu de temps après, et je vois encore le peintre de la *Peste d'Elliant*, je vois ce vieil ami, l'œil éteint, la main tremblante, ne pouvant pas couper la viande qu'il avait dans son assiette, la portant avec peine à la bouche, remplissant d'allumettes chimiques sa tasse de café, et ne retrouvant un peu de vitalité que lorsqu'on lui avait allumé et mis aux lèvres sa vieille pipe bretonne.

. . . .

Il est complétement gâteux, me disait Pelloquet, — qui en avait encore pour un an !

HENRY NOIROT. Un violoniste de talent, compositeur, à ses heures... je me souviens encore de quelques jolies valses qui s'appelaient, je crois : *Souvenir de Nice*, *Fleur d'hiver*, les *Adieux*.

Quand il entra à l'hôpital de la Charité, un aimable docteur lui dit brutalement : — Pourquoi n'êtes-vous pas venu plus tôt, ces gens-là arrivent toujours lorsqu'il est trop tard. A quoi Noirot, qui se mourait d'un œdème, répondit doucement : je ne pouvais cependant pas venir vous dire : je me porte bien, j'engraisse à vue d'œil, tous mes amis me félicitent sur ma bonne mine, eh bien ! cela m'inquiète et je voudrais faire quelque temps d'hôpital ! (*puis, avec un triste sourire*) : — c'est vrai, j'engraissais,.... avec les mêmes appointements, j'aurais dû me méfier.

BARBIZET. C'était un grand bonhomme à tête de *Méphistophélès*, dont le nom, — avec celui de Célestin Nanteuil, — se trouve sur toutes les romances de la maison du *Ménestrel* ; outre qu'il dessinait fort bien, Barbizet sifflait d'une façon surprenante et je lui ai entendu siffler l'ouverture de *Zampa* avec une sûreté, une conscience d'exécution que je voudrais toujours voir chez les possesseurs d'un instrument plus sérieux.

Barbizet, du reste, appartenait à une famille d'artistes et était frère du *Bernard-Palissy* de la place du Trône.

PRAT. Un chanteur. Il était lauréat du Conservatoire et, contre le gré de ses parents (un père sous-préfet, je crois ; vous pensez !), voulait embrasser la carrière dramatique.

La mère avait dit : J'aimerais mieux le voir mourir ! Quant au père, — plus pratique, — il avait simplement exigé que son fils ne débuterait qu'à l'Opéra.

Mais ce n'est pas commode de débuter à l'Opéra, et le pauvre garçon, lassé d'attendre, finit par aller à Turin où, le jour de ses débuts, au Grand Théâtre, il fut hué, sifflé.....

Prat rentra chez lui et se brûla la cervelle.

Sa mère mourut de chagrin, croyant que Dieu avait exaucé le désir impie qu'elle avait manifesté.

LE MARQUIS D'URBIN. Un rédacteur de la *Gazette de France* que l'on rencontrait généralement (*proh pudor!*) dans tous les cabarets qui, par tolérance, restent ouverts une grande partie de la nuit. Je l'ai même vu, — et il ne faut pas que M. Janicot secoue la tête d'un air de doute, — entrer dans un *antre malsain*, celui-là même que décorait Montjoye, et s'écrier : que dit-on, quand on me voit? — (Vive le roi! criaient en chœur les personnes auxquelles s'adressait ce champion de la légitimité)..... — puis sauter sur une table et déclamer de la façon la plus amusante une pièce de vers intitulée : *Aux chanteurs de France*, pièce qu'il avait lue l'après-midi d'une façon plus décente au Palais de l'Industrie lors du grand festival des Orphéons.

CHARLES DE LA VARENNE. C'était un personnage d'allures louches et équivoques, de relations compromettantes,...; il venait peu avec nous (nous n'achetions pas de décorations), et rédigeait alors la *Chronique de France*, journal soutenu par le parti légitimiste. Ce chevalier d'aventures est trop connu, — surtout depuis la scandaleuse affaire de Kervéguen, l'ouverture du *sixième paquet* (*papiers à brûler après ma mort*), pour que je m'arrête plus longtemps sur cette figure sèche, froide et antipathique.

VÉDEL. Le fils de l'ancien administrateur du *Théâtre-Français* ; le 27 mai 1865, il avait invité à dîner à Moret, près de Fontainebleau, ses amis Villot, Teinturier et Blot, et tous venaient de se mettre à table dans une tour gothique de l'Hôtel de l'Ecu quant brusquement tout s'effondre... une poutre avait manqué.

Védel a la colonne vertébrale brisée, Teinturier les deux jambes cassées à quelques centimètres de la cheville, Blot une jambe cassée et quatre côtes d'enfoncées, Villot la jambe gauche cassée et la colonne vertébrale abîmée . . . .
. . . .
. . . .

Ainsi finit Védel.

PAUL DUMOULIN...... Dans la nuit du mardi à mercredi dernier, un artiste de talent, jeune encore, M. Paul Dumoulin, s'est suicidé. Mardi soir il acheta une mesure de charbon, s'enferma dans sa chambre, alluma son fourneau, s'assit devant une table et écrivit jusqu'au jour. Les dernières lignes qu'il a tracées sont datées de « *mercredi matin, 4 heures.* » Ce sont des besoins d'argent et des soucis de famille qui l'ont poussé à en finir avec la vie. (Le *Gaulois*, Dimanche 10 juillet 1859).

Ce même *Gaulois*, qui publiait alors des charges, avait quelque temps avant donné celle de Dantan ; le grand artiste a le bras appuyé sur sa *selle*, sur laquelle se trouve une petite statuette représentant un peintre la palette à la main : ce peintre, c'est Paul Dumoulin.

HIPPOLYTE MAXANCE. Il s'appelait Renard et était avocat... ce qui pouvait le mener loin ; il préféra être homme de lettres ! et écrivit dans le *Rabelais*, dans *Lutèce*, une feuille de chou dans laquelle il publiait un roman intitulé : *le Bois de l'homme mort*, dans le *Gaulois*, où *reporter* du monde interlope, il s'écriait : « Aussi rencontre-t-on souvent, dans quelques-uns de ces temples de la Terpsychore du Cancan et des pas de fantaisie prévus par les règlements municipaux, de charmantes têtes d'anges déchus, blondes et brunes fillettes, habillées d'une robe d'indienne et coiffées de leurs cheveux, mais avec les joues en fleur, les lèvres en feu et au regard caressant et velouté qui demande l'aumône à la porte de votre... cœur. »

Hippolyte Maxance était évidemment marqué pour la mort.

MARIANI. C'était un dessinateur qui, à l'encontre de ses collègues, s'occupait beaucoup de spéculations philosophiques et pour lequel le moi et le non moi était un terrain aussi familier que la critique et l'étude des beaux-arts. Il avait de la grâce, de la légèreté, et c'est de lui le charmant petit dessin qui, pendant neuf années, illustra la couverture de l'*Almanach parisien* que nous faisions avec Desnoyers. Envoyé en Espagne par l'*Illustration*, Mariani mourut à Madrid, isolé et loin des siens ; il était Suisse et s'appelait de son vrai nom : *Moosbrugger*.

ARTHUR LOUVET. Encore un avocat-écrivain, ce qui est le pire du pire ! On lui avait refusé une pièce au Théâtre-Français, et depuis il s'était jeté dans le *Quart-d'Heure, gazette des gens demi-sérieux,* dans la *Revue internationale* de Carlos Derode, etc.

Il en est mort.

WARBURG. Un grand mulâtre, fils d'un tailleur de pierres de New-York ; les Etats-Unis l'avaient envoyé en France, où Warburg, pour ses débuts, eut un petit succès avec sa statuette de l'*Enfant jouant avec un lézard.* — La mort ne lui laissa pas le temps de faire autre chose.

ALFRED ROUSIOT. Celui-ci faisait de tout, et rien de bien ! montait en ballon et écrivait des brochures ; il portait des chemises sur lesquelles étaient brodés de charmants petits ballons, s'habillait volontiers les jours d'ascension en chasseur de grande maison et, assis à côté du cocher sur le siége du fiacre qui le conduisait au Champ-de-Mars, montrait gratuitement aux populations ce qu'était l'*aéronaute de Sa Majesté Napoléon IV.*

Quant à ses brochures !... Eh bien ! non ; je l'aimais encore mieux dans sa nacelle.

VENTADOUR. Un élève de Cicéri et un bon élève; il a exécuté nombre de décorations fort remarquables, et ses panneaux pour les tapisseries de Beauvais et des Gobelins sont très appréciés. Comme les autres, il est mort jeune, il est mort au travail, — sur le mont Nébo, d'où il pouvait voir la terre promise.

JOSEPH LEBŒUF. C'était un brave et digne sculpteur qui ne manquait pas de talent mais qui, par exemple, manquait d'entre-gent, comme disent les habiles, et dont la vie fut une longue suite de misères et de chagrins. Il a fini, comme finissent trop souvent ses pareils... à l'hôpital.

Je me rappelle avoir vu de Lebœuf un *Spartacus nègre*, *Saint Paul devant l'aréopage* et plusieurs bustes remarquables, entre autres, celui de Victor Hugo, qu'il était allé faire à Guernesey même.

CHAMBERT. Il avait remplacé auprès de M. de Mirecourt le sieur Mazerolles, auteur d'un petit livre intitulé : *Maison Mirecourt et Compagnie, fabrique de biographies*, livre dans lequel ledit

Mazerolles frotte vivement le nez de son catholique patron. A quoi de Mirecourt avait répondu : on ne peut que mépriser le laquais congédié qui vous calomnie, et avait mis en lieu et place de Mazerolles le sieur Chambert, — qui dura jusqu'au jour où je lus dans le journal les *Contemporains* cette phrase un peu sèche : « M. Chambert a cessé de faire partie de la rédaction du journal les *Contemporains.* »

Je ne le revis plus, et ce fut longtemps après que Jules Mahias m'apprit qu'il était mort.

ANTONIO WATRIPON. Il n'y a que quelques années que Watripon est mort de phthisie à l'hôpital Saint-Louis... Qui se souvient de lui? Et quand j'aurai indiqué les *Etudiants de Paris,* une *Etude sur Villon,* quelques brochures et les titres des 3,632 journaux auxquels collabora ce terrible pondeur, sa mémoire y gagnera-t-elle beaucoup?

Il vaut mieux pour lui, — et pour moi, — que je m'en tienne à la *Complainte sur l'assassinat de Sibour par Verger,* une des choses qui, certainement, recommandent le plus à la postérité, le doux nom d'Antonio Watripon.

Si j'étais certain que le lecteur ne fasse pas partie de la Société de Saint-Vincent-de-Paul, je citerais quelques strophes de cette élégie, mais peut-on être sûr d'une chose comme celle-là?....

Les noms se pressent sous ma plume, j'en écrirais toujours qu'il y en aurait encore; il me semble que je ne puis me dégager de cette chaîne dont les anneaux glacés m'étreignent et me mordent. La nuit sombre descend sur moi et cependant je vois encore **HENRI BALESTA**, un étudiant en rupture de *quartier latin*, et qui cherchait à entrer dans la littérature; le *Figaro*, qui en a perdu bien d'autres, — inséra de lui deux ou trois articles; — **MARCHAUX**, un jeune peintre, un élève de Couture et d'Hébert, mort de la poitrine; — **ROGER** (de Grenoble), le petit Roger, comme nous disions; un peintre tout jeune, tout charmant, tout amoureux de son art; il avait de l'esprit, un talent plein de promesses...... et la poitrine malade; — **E. GUILLOT**, garçon doux et aimable, qui avait un peu écrit au *Figaro*, au *Gaulois*, aux *Salons de Paris*, et que la mort trouva tout triste, tout désenchanté... surveillant d'une place de fiacres; — **CRELL**, un réfugié prussien, rédacteur du *Weg-Weiser*, journal qui avait précédé le *Parizer-Zeitung*, de la baronne C. de Scheidlein; c'était encore un bohème des plus étonnants que ce particulier qu'il m'a été donné rarement de voir à jeun; il buvait à lui seul comme un Français et un Prussien... intempérants, et mourut dans un état complet de consomption; — **POLO**, qui signait A. Polin à la *France*, et qui mourut à 33 ans d'une attaque de choléra foudroyant; c'était le frère de ce malheureux qui, la même année, mourut à Cayenne assassiné; — **WÉLÉ**, un peintre, un juif allemand, élève de Couture. Il avait manqué le portrait d'une femme qu'il aimait..... Un matin on le trouva pendu dans son atelier.

Ne me dites point qu'on ne se pend pas pour cela ! Qu'en savez-vous ?

Au cimetière, pendant qu'une femme voilée déposait discrètement un bouquet de violettes sur la tombe du pauvre mort, — son frère, un négociant, je crois, disait tranquillement aux quelques peintres qui étaient là : nous étions à peu près sûrs dans la famille qu'il finirait mal.

Cela fait que ces braves juifs n'ont pas été surpris.

BONAVENTURE SOULAS, l'auteur de *A bas les cuistres !* un petit brûlot à l'adresse de l'Ecole normale, Soulas qui n'aimait pas les vers de Fernand Desnoyers, ce dont celui-ci se vengeait par des chansons :

> Que j'éprouve de soulas
> A cette lecture
> Elle déplaît à Soulas
> Ma littérature !
> Jamais, je ne serai las
> De déplaire à Soulas !
> La bonne aventure
> O gué
> La bonne aventure !

BARBIER, le Franc-Comtois ; — **A. AUDIFFRET**, l'auteur des *Premières pages de la vie*; **LÉON BAILLY**, un peintre, gros garçon doux et tranquille, qui, dernièrement, s'est tué à coups de couteau ; — **SACRÉ**, un tout jeune littérateur, mort de la poitrine ; — **THIRION-DUVAL**, un dessinateur que je viens de voir mourir, usé par les fatigues du siége ; — **HENRI PŒNCET**, l'habile violoncelliste, brave et digne cœur, qui, atteint dans la force de l'âge par une cruelle infirmité, — il avait presque complétement perdu la vue, — vient de mourir à Dijon, où il était depuis deux ans professeur au Conservatoire ; — **CERVOLLE** qui, je crois, fut tué dans une expédition garibaldienne ; — **CAMPORINI**, qui se poignarda ; — **JEAN**, ou M. Jean, grand premier rôle tragique des théâtres de Batignolles, Belleville, Montparnasse, etc.; **ANTIGNAC**, le neveu d'Antoine Antignac, le chansonnier, l'ami de Désaugiers, Antignac qui, comme son oncle, chanta et surtout fêta la dive bouteille.

Et celui-ci et celui-là et tous ceux dont ma mémoire fatiguée ne se souvient plus.

Je n'ai pas oublié **JEAN JOURNET, LACHAMBEAUDIE, AUGUSTE LUCHET, GUICHARDET....** mais qui n'appartiennent pas à notre époque et qui, du reste, sont trop connus pour que je m'y arrête.

GUICHARDET !... il importe, a dit Monselet dans un petit portrait de Guichardet, portrait resté célèbre, que ce passant majestueux et souriant ne soit point oublié. Aussi, aujourd'hui que royaume, monarque et sujets, tout a disparu, saluons de ces deux lignes de souvenir celui qui fut le vrai roi radieux; enchanteur et enchanté de toute cette bohême !

. . . .
. . . .
. . . .
. . . .

Ajoutons pour clore cette funèbre liste que **DINO-CHEAU**, le restaurateur des lettres, est mort ruiné, que **BAPTISTE**, le garçon de la Brasserie, celui qui avait dans son département, comme il disait, le côté des grands hommes, est mort pendant que l'heureux possesseur de ce joyeux établissement s'éteignait tristement à Bicêtre !

Et maintenant, comme dit Henri Heine, ne t'attendris pas trop, lecteur, le jour n'est peut-être pas éloigné où tu auras besoin de toute ta commisération pour toi-même.

— Est-ce que tu sais comment tu finiras, toi ?

TABLE

Une page d'histoire........................... V
Le *Requiem* de la Brasserie des Martyrs........ I
La Fosse commune........................... 67

COLLECTION A 3 FRANCS LE VOLUME

AVEC PRIMES

DERNIERS PARUS

PAUL DE KOCK . . La Mariée de Fontenay-aux-Roses.
— Friquette.
— Un Jeune homme mystérieux.
— Les Intrigants. (Le dernier inédit)
XAVIER DE MONTÉPIN. Le Mari de Marguerite.
— La Comtesse de Nancey.
— L'Amant d'Alice.
— Les Confessions de Tullia. (Inédit.)
— Le Bigame.
HENRY DE KOCK . Les Baisers maudits.
— Le Démon de l'alcôve.
— Mademoiselle Croquemitaine.
ÉLIE BERTHET . . Le Séquestré.
— Les Parisiennes à Nouméa.
Vte DE BEAUMONT-VASSY. Le Fils de la Polonaise.
CH. MONSELET . . Le Théâtre du Figaro.
— Charvallon. Histoire d'un souffleur de la Comédie.
CH. JOLIET . . . . Le Train des maris.
HONORÉ SCLAFER La Chasse et le Paysan.
— Le Paysan riche.
ANGELO DE SORR. Le Drame des Carrières d'Amérique.
— Le Fantôme de la rue de Venise.
— Jeanne et sa suite.
— Ranalalalelu CXXXIV
BÉNÉDICT-HENRY RÉVOIL. La Saint-Hubert.

SOUS PRESSE

XAVIER DE MONTÉPIN. La Voleuse.
ÉLIE BERTHET . . Les Drames du cloître.
CH. JOLIET . . . .
ANGELO DE SORR.
Vte DE BEAUMONT-VASSY.

PARIS. — IMP. SIMON RAÇON ET COMP., RUE D'ERFURTH, 1.

www.ingramcontent.com/pod-product-compliance
Lightning Source LLC
Chambersburg PA
CBHW071134160426
43196CB00011B/1887